Almanaque

Clubes do Futebol Paulista

1888-1909

Sidney Barbosa da Silva

Copyright 2017 – Rua Gênova, 50-B - Jardim Paulista - CEP 06663-330 - Itapevi, SP.

Clubes do Futebol Paulista 1888 - 1909 / Sidney Barbosa da Silva. Itapevi (SP): 2017

1. Esportes 2. Clubes Esportivos 3. Futebol. 4. História. I. Da Silva, Sidney Barbosa. II. Almanaque.

Atendimento ao Leitor / Contato com o Autor
Email: campeoesdofutebol@hotmail.com
Facebook: https://www.facebook.com/campeoesdofutebol
Twitter: https://twitter.com/campeoesdofuteb
Página Web: http://campeoesdofutebol.com.br/

A Deus
A meu pai José Mariano
A minha mãe Enedina
A minha companheira Ana Cristina
A meu filho Rafael
A minha neta Fernanda Cristina

Sumário

Times do futebol paulista

A.A. Brasileira	79	A.A. José Bonifácio	101
A.C. Paulista	79	S.C. Vergueiro	101
S.C. D. Pedro I	80	A.A. da Memoria	102
Efusy F.B.C. (Sorocaba)	80	C.A. Minerva	102
S.C. Americano (Santos)	80	A.A. Bragantina	102
Jundiahy F.B.C. (Jundiahy)	83	C.A. Futuro	103
S.C. Valparaiso	83	White-Team	104
A.A. Internacional	84	A.A. Avenida Paulista	104
A.C. Red and White	84	S.C. Sempreviva	104
S.C. Voluntarios da Patria	84	A.C. Olavo de Barros	105
C.R. São Paulo	85	A.C. Fluminense	105
A.A. Paulista	86	S.C. Hippodromo	105
A.A. do Curso Eduardo Vautier	86	A.A. Oriental	106
		A.A. Amparense (Amparo)	106
S.C. Flor da Mocidade	87	C.S. Taubateense (Taubaté)	107
A.A. Gymnasio do Carmo	87		
S.C. Nacional	88	G. F.B. Boqueirão (Santos)	109
S.C. Bandeirantes	88	São Paulo Club	110
Eden Club (Campinas)	88	A.A. Paulistana	110
S.C. Pindorama	89	F.B.C. João de Deus	110
A.A. Cruzeiro Paulistano	89	Mocidade F.B.C.	111
Veloz Club Internacional	89	O.B. Club	111
A.A. Central do Brasil	90	S.C. Veni, Vidi, Vici	112
C.A. 15 de Novembro	90	A.A. Ordem e Progresso	112
Paulista S.C. (São Carlos)	90	C.A. Brasil	113
S.C. Sorocabano (Sorocaba)	92	A.A. Villa Mariana	113
		S.C. Visconde do Rio Branco	114
Santos Dumont (Jacarehy)	93		
A. Nacional de Exerc. Physicos	93	A.A. Mocidade	114
		S.C. Santa Rosália (Sorocaba)	115
Club de Foot-ball	94		
C.A. Paraiso	95	Internacional A.C. (Santos)	115
Ideal S.C.	95	A.A. Geraldo de Toledo	116
C.A. do Braz	101	S.C. Vera Cruz	116

S.C. Santos Dumont	116	Ideal F.B.C. (Campinas)	135
Internacional F.B.C.	117	F.C. Barretense (Barretos)	135
G.R. União Paulista	117	A.A. São Paulo	137
C.A. Chapeleiros (Sorocaba)	118	C.R. Tietê	137
		C.A. Americano	139
S.C. Botucatuense (Botucatu)	118	7 de Setembro F.B.C. (Rio Claro)	140
S.C. Aymorés (Limeira)	118	Bello Horizonte F.B.C.	140
Limeira F.B.C. (Limeira)	119	C.A. Pirassununguense (Pirassununga)	140
A.C. dos Estudantes	121	
F.B.C. Macedo Soares	121	Americano F.B.C. (Campinas)	141
S.C. São Paulo Team	122	
A.A. Santo Antonio	122	F.B.C. Quinze de Novembro (Santa Bárbara)	142
C.A. D'Aragona	122	
S.C. Colombo	123	São Vicente A.C. (São Vicente)	142
São Paulo Eden Club	123	
A.A. Angelica	123	S.C. Primavera (Indaiatuba)	142
Eden Club Brasil	124	Smart (Dois Córregos)	144
S.R. Lorenense (Lorena)	124	S.C. Estrella do Oeste	144
A.A. União Infantil	125	A.A. Sciencias e Letras	145
S.C. Barão de Tatuhy	125	S.C. Internacional (Palmeiras)	145
Anhangás F.C. (Rio Claro)	125	
S.C. Internacional (Bebedouro)	126	G.R. da Lapa	146
		A.A. Água Branca	146
C.A. Ypiranga	127	S.C. Palmeirense (Santa Cruz das Palmeiras)	147
S.C. Jacarehyense (Jacarehy)	131	
		A. Rocinhense de F. (Vinhedo)	148
Quatro de Agosto	131	
S.C. Guarany	132	Rio Pardo Club (São José do Rio Pardo)	150
Jupiter Club	132	
Atlética Paulista	133	Rio Claro F.B.C. (R. Claro)	151
Estrella Bella Cintra	133	Paulista F.B.C. (Jundiahy)	152
Caixeral F.B.C. (Taubaté)	13	A.C. Wandenkolf	155
S.C. Light and Power	134	Paulista F.C. (São Carlos)	156
G.R. 7 de Novembro	135	S.C. Bandeirantes	156

Um clube, uma história. A Genealogia dos clubes do futebol paulista e brasileiro.

O futebol paulista é pioneiro em quase tudo: o introdutor oficial (Charles Miller), o primeiro time de futebol (São Paulo Athletic), a primeira liga (Liga Paulista), e o primeiro treinador de futebol no Brasil (John Hamilton, do Paulistano), dentre outras coisas.

Desde a primeira apresentação pública, realizada em 1895, entre dois quadros formados dentro do SPAC (The São Paulo Railway Team, a outra The Gas Works Team), diversos clubes foram fundados no Brasil e, em sua maioria, no estado de São Paulo.

Certo é que, entre a fundação do São Paulo Athletic para a prática do Cricket em 1888, até a introdução do football association dentro do clube, que depois se enraizou na elite, chegou aos mais pobres e negros, até o ano de 1909, mais de 700 clubes que praticaram este emocionante e novo esporte, foram mencionados nos mais diversos periódicos.

Nomes curiosos e com termos ingleses surgiram e que poucos conhecem: a Sociedade Musical União dos Artistas de Rio Claro, o The Brasilian Foot-Ball Club, Wandenkolk, Sport Club Variedades, Athletic Club Red and White, o Foot-Ball Club, o Club de Foot-Ball, White Team, a equipe do O.B. Club, o curioso Sport Club Veni, Vidi, Vici e tantos outros.

Há aqueles clubes que jamais praticou o futebol, mas que são mencionados por incorporarem os que se extinguiram, dando continuidade a história. Existiram também clubes que foram formados e logo desapareceram, mas que muito contribuíram para a evolução deste fascinante jogo.

Desde a fundação do futebol no São Paulo Athletic Club, até a criação da primeira Liga de Foot-ball em São Paulo, entre os anos 1888 a 1902, cerca de setenta clubes praticavam de forma consistente somente na cidade de São Paulo, aquele que se tornaria o esporte mais praticado no mundo.

Dos clubes citados neste primeiro livro, no interior paulista, as equipes pioneiras organizadas até 1902 eram o União dos

Artistas, que tinha em seus quadros músicos jogadores, e o Pery FBC, ambos de Rio Claro, o Savoia e o Votorantim Athletic, equipes do então distrito de Votorantim, em Sorocaba, além do Athletico Sorocabano, também da cidade de Sorocaba, a Ponte Preta de Campinas, que chegou a ter questionado por alguns estudiosos a real data de fundação, como sendo em 1908 e não em 1900.

Em Santos apareceram o Santos Athletic, e o Club Athletic International, assim mesmo com a letra "T", primeiro clube da cidade só para esta finalidade.

Dos mais de 160 clubes citados neste Almanaque, 49 são do interior e litoral.

É neste contexto que foi criado este pequeno Livro Almanaque. É um trabalho simples, mas feito com muita vontade de descoberta, e de amor ao futebol. O primeiro de uma série de livros que compõe a história do futebol paulista até primeira década do século XX.

Uma verdadeira viagem no tempo, aguçando a curiosidade daqueles que tem sede de conhecimento.

E viva o football paulista !

Texto do Correio Paulistano, com data de 4 de agosto de 1904, sobre os Sports praticados nesta época.

Actualidades

Parece que, não obstante a reconhecida inconstância das suas modalidades, já se vão realmente acclimando entre nós os exercícios physicos, tão recommendaveis pelo que de útil trazem á saúde do corpo e como natural consequencia, a do espanto.

Mens sana in corpore sano.

E incontestavelmente se deve esse novo e proveitoso habito da população á mescla extrangeira de onde nos tëm vindo capitaes, trabalho e muitas praticas e usanças que, quando boas e adaptáveis, logo se implantam no nosso meio.

Assim tivemos, a principio as corridas de cavallos, que tanto acoroçoaram a criação desses animaes, na producção dos melhores specimens, com reaes vantagens, sobretudo, para a nossa industria agricola.

Depois, nos visitaram os jogos da pelota e similares, preoccupando enthusiasticamente a mocidade, até que Ella se entregou ao cyclismo, variado e divertido, desde os simples passeios suburbanos até aos disputados pareos e longiquas excursões. Em seguida, os clubs athleticos de gymnastica e esgrima, a patinação, etc., a se revesarem com as sociedades dançantes, na sua gradativa ascendencia do desenvolto e movimentado baile popular ao apurado cultivo choreographico dos salões elegantes.

Por ultimo adoptámos o foot-ball, com os seus condemnaveis excessos, já profligados destas mesmas columnas; as associações de tiro que, a bem dizer, completam a nossa educação cívica, affeiçoando-nos ao manejo das armas empregadas na defesa da Patria; e o delicioso Sport da natação e das regras que, em falta de um campo liquido mais vasto, vae aos poucos se desenvolvendo nas aguas tranquillas do Tieté.

9

Agora, o Skating-Rink, moderado, salutar e attrahentissimo pelos seus extraordinarios elementos de sociabilidade, volta de novo, após longos annos de incomprehensivel abandono, a tomar o logar saliente que já lhe coube na variegada escala sportiva percorrida pela nossa capital.

Seja bemvindo e que se firme e se mantenha, para Gaudio e revigoramento de quantos precisam dos exercicios commedidos e intelligentes que, em vez da sizania da rivalidade, dos exageros de força e coragem, dos riscos de desordens orgânicas e quiçá de uma morte prematura, nos dêem a calma e os prazeres de uma vida sadia e venturosa, num centro de aprazivel, gentil e por certo educativa convivencia.

THE SÃO PAULO ATHLETIC CLUB
(CLUBE ATLÉTICO SÃO PAULO)
Fundação: 13 de Maio de 1888
Website: http://www.spac.org.br/
Endereço: Rua Visconde de Ouro Preto, 119
Bairro da Consolação
Cidade: São Paulo

Nasceu numa mesa de bar, na Rua São Bento, em São Paulo. O relógio aponta meio-dia, quando vários britânicos, alguns engenheiros da recém-construída São Paulo Railway, a primeira estrada de ferro paulista, e outros comerciários da cidade, conversavam sobre a idéia de fundar um clube social e esportivo, onde poderiam disputar seu jogo predileto, o cricket, bem como compartilhar horas de lazer com suas famílias. Entre eles estavam:

William Fox Rule, um dos fundadores do SPAC.

William Fox Rule, Charles Walker, William Speers, Percy Lupton, William Snape e Peter Miller. Nasce aí, a 13 de maio de 1888, no mesmo dia em que a Princesa Isabel Regente assina a Lei Áurea, em nome de D. Pedro II, o The São Paulo Athletic Club, carinhosamente apelidado de SPAC, ou Clube dos Ingleses, hoje Clube Atlético São Paulo, um dos clubes mais antigos da cidade de São Paulo.

Charles Miller, que nasceu no Brás em 1874, e foi enviado para estudar em Southampton na Inglaterra, onde aprendeu um novo esporte da época, o football, retornou ao Brasil com duas bolas de capotão, um livro de regras e demais acessórios introduz no clube este novo e cativante esporte, até então desconhecido no Brasil.

Aos poucos Charles foi conseguindo adeptos, e os treinos foram-se amiudando e, na Chácara Dulley, tiveram lugar, cada vez mais animados, os treinos e os bate-bolas. Esses ensaios privados dos britânicos valeram de muitíssimo, embora não pareça. Serviram para que a cidade ficasse sabendo que *"lá pelos lados da Luz, do Bom Retiro, um grupo de ingleses, maníacos como eles só, se punha, de vez em quando, a dar pontapés numa coisa parecida com bexiga de boi, dando-lhe grande satisfação e pesar quando essa espécie de bexiga amarelada entrava por um retângulo formado de paus"*. (Carta enviada de São Paulo para o Rio, a 16 de agosto de 1896, pelo jornalista Celso de Araújo ao jornalista Alcino Guanabara).

Chácara Dulley, berço do futebol brasileiro, na rua Três Rios.

Muita gente foi ver o que faziam os ingleses, "lá pelas bandas do Bom Retiro". E muita gente gostou, querendo saber, depois, como se jogava aquilo. E dessa curiosidade nasceu o interesse. Do interesse, a propaganda. Da propaganda, a difusão. E assim, em 14.04.1895, em um terreno da Companhia Viação Paulista, na Várzea do Carmo, em São Paulo, duas equipes formadas basicamente por associados do SPAC, uma denominada The São Paulo Railway Team, a outra The Gaz Co. Works Team, fornecedora de gás da capital, realizam a primeira partida de futebol, com vitória da primeira por 4 a 2, com dois gols de Charles Miller. Depois disso, clubes foram formados e várias partidas avulsas de futebol passaram a ser realizadas.

Em 1899 o São Paulo Athletic participa de vários jogos amistosos com os seguintes resultados: 3 x 0 Mackenzie, em 12 de março; depois em 29 de junho, 1 x 0 Hans Nobiling Quadro; e 4 x 1 Hans Nobiling Quadro, o terceiro destas pelejas, com data desconhecida.

Ao longo de sua curta vida em competições oficiais da Liga Paulista de Foot-ball, o SPAC disputou por onze anos seguidos o campeonato paulista (1902 a 1912), sendo campeão por quatro vezes, três delas seguidas: 1902, 1903 e 1904.

O primeiro, em 1902, reuniu os cinco times fundadores da Liga (Germânia, Internacional, Mackenzie, Paulistano e São Paulo Athletic), com partidas realizadas no Velódromo, campo do Paulistano; no Parque da Antarctica, do Germânia; e no campo da Rua Consolação, do SPAC. Esta competição terminou empatada entre o SPAC e Paulistano, com Charles Miller sendo o artilheiro da competição com 10 gols. O desempate ocorreu no Velódromo, em 26 de outubro de 1902, e o São Paulo Athletic venceu por 2 a 1, ficando com o título. Em 1903 as mesmas cinco equipes participaram e, novamente terminou empatado entre as duas mesmas equipes. No desempate, mais uma vez deu SPAC, 2 a 1. Já no ano de 1904, realiza-se o terceiro certame, com a inclusão da Associação Athletica das Palmeiras. Sagra-se tricampeão o SPAC, derrotando mais uma vez, em jogo desempate, o Paulistano.

No ano de 1905 o SPAC termina na quarta colocação. Em 1906 começa a derrocada do São Paulo Athletic que, com derrotas humilhantes, uma delas, em 5 de agosto, por 9 a 1 para o Sport Club Internacional, deixa a competição antes de seu término, não comparecendo a vários jogos. Em 1907 e 1908 termina o campeonato na penúltima colocação, entre os seis participantes. Depois, em 1909, é o último colocado das cinco equipes que terminaram o torneio, já que o Internacional foi eliminado da competição por agressão ao árbitro.

13

Em 1910 o SPAC começa a se reorganizar e termina a competição em terceiro lugar. Neste mesmo ano, em 04 de setembro, faz um amistoso com o Corinthian Football Club, equipe inglesa de Londres que inspirou a criação do Corinthians Paulista, no Velódromo Paulistano, com vitória da equipe inglesa por 8 a 2.

O ano de 1911 marcou o último título dos "ingleses" que sobraram na competição. Foram nove partidas disputadas, com sete vitórias, um empate e uma derrota; vinte e três gols marcados e quinze sofridos, sendo coroado campeão. Neste mesmo ano faz outro jogo internacional, desta vez com a seleção do Uruguai: empate por 2 a 2.

Em sua última competição, a de 1912, terminou na penúltima colocação, entre sete equipes. Com a evolução do futebol pelos "pés dos brasileiros" e com campanhas abaixo do esperado pela colônia inglesa, deixa de existir o clube introdutor do futebol no Brasil.

Ao longo de sua trajetória no campeonato paulista, venceu 44 partidas, empatou 13 e perdeu 45. Marcou 187 gols, sofrendo 206, o que dá um saldo negativo de 19 gols. No ano de sua despedida do futebol aplicou a maior goleada de sua curta existência, vencendo o C.A. Ypiranga por 7 a 1, em 1º de setembro de 1912. Já a maior goleada sofrida ocorreu em 5 de agosto de 1906: Sport Club Internacional de São Paulo 9 x São Paulo Athletic 1.

Taça Casimiro da Costa, referente às conquistas do campeonato paulista em 1902, 1903 e 1904.

O SPAC fez o artilheiro do paulistão em quatro temporadas:

1902 - Charles Miller, com 10 gols;
1903 (*) - Boyes, 4 gols;
1904 - Charles Miller e Boyes, 9 gols cada;
1910 (*) - Boyes, 10 gols.
(*) empatado com atleta de outra equipe.

Time base nas conquistas do Paulistão

1902 - W. Jeffery. G. Kenworthy e A. Kenworthy; Biddel, Wuccherer e Heyock; Boyes, Brough, Charles Miller, Montandon e Blacklook.

1903 - W. Jeffery; G. Kenworthy e Ford; Biddel, Robinson e Heyock; Boyes, Trail, Charles Miller, Montandon e Pool.

1904 - W. Jeffery; G. Kenworthy e R. Ford; Biddel, Robinson e Duff; Boyes, Brough, Charles Miller, Montandon e Pool.

1911 - Deighton; Hammond e Atsbury; Boyes, Smidt e Bradshaw; Tomkins, Colston, Hamilton, Roberts e Banks.

Listagem de todos os jogos do SPAC no Campeonato Paulista
Nota: Todos os jogos pela Liga Paulista de Foot-Ball (LPFB), a única existente no futebol paulista, até a cisão ocorrida em 1913.

1902
08/05- 4 x 0 Paulistano
13/05- 3 x 0 A.A. do Mackenzie College
08/06- 3 x 0 Internacional
29/06- 0 x 1 Paulistano
20/07- 4 x 0 Germânia
03/08- 3 x 0 Germânia
24/08- 0 x 0 Internacional
20/09- 4 x 4 A.A. do Mackenzie College
26/10- 2 x 1 Paulistano

1903
21/05- 2 x 0 A.A. do Mackenzie College
11/06- 2 x 1 A.A. do Mackenzie College
24/06- 0 x 2 Paulistano
05/07- 5 x 0 Internacional
19/07- 4 x 1 Germânia
02/08- 4 x 0 Paulistano
09/08- 1 x 1 Germânia

27/09- 3 x 0 Internacional
25/10- 2 x 1 Paulistano

1904
12/06- 1 x 0 Germânia
19/06- 1 x 1 Paulistano
29/06- 5 x 0 A.A. das Palmeiras
10/07- 3 x 2 Germânia
24/07- 0 x 0 Paulistano
31/07- 3 x 0 A.A. das Palmeiras
07/08- 5 x 0 Internacional
15/08- 1 x 0 A.A. do Mackenzie College
18/09- 4 x 1 Internacional
28/09- 5 x 0 A.A. do Mackenzie College
30/10- 1 x 0 Paulistano

1905
03/05- 4 x 3 A.A. do Mackenzie College
21/05- 2 x 1 A.A. das Palmeiras
18/06- 1 x 2 Internacional
01/07- 5 x 3 A.A. do Mackenzie College
02/07- 0 x 6 Germânia
30/07- 0 x 2 Paulistano
13/08- 0 x 3 A.A. das Palmeiras
20/08- 1 x 2 Internacional
08/09- 0 x 2 Paulistano
24/09- 3 x 2 Germânia

1906
06/05- 1 x 2 A.A. das Palmeiras
20/05- 0 x 6 Germânia
24/05- 2 x 2 A.A. do Mackenzie College
03/06- 0 x 2 Internacional
29/06- 0 x 2 Paulistano
08/07- 1 x 3 Germânia
05/08- 1 x 9 Internacional

1907
03/05- 4 x 0 Germânia

16

13/05- 0 x 1 Internacional de Santos
30/05- 3 x 1 Paulistano
24/06- 0 x 2 Americano
29/06- 0 x 3 Internacional
21/07- 3 x 3 Americano
15/08- 0 x 2 Germânia
07/09- 0 x 3 Paulistano
15/11- 1 x 1 Internacional

1908
13/05- 1 x 0 Internacional de Santos
18/06- 0 x 2 Internacional
24/06- 2 x 3 Paulistano
29/06- 0 x 2 Germânia
07/09- 1 x 4 Internacional
08/09- 3 x 9 Paulistano
02/11- 0 x 7 Germânia

1909
13/05- 1 x 4 A.A. das Palmeiras
20/05- 1 x 2 Internacional
10/06- 0 x 1 Germânia
24/06- 0 x 0 Americano
29/06- 0 x 3 A.A. das Palmeiras
14/07- 3 x 4 Germânia
23/10- 1 x 1 Paulistano
01/11- 2 x 3 Americano
13/11- 2 x 4 Paulistano
15/11- 0 x 4 Internacional

1910
15/05- 2 x 1 Ypiranga
05/06- 3 x 3 Paulistano
12/06- 1 x 2 Americano
03/07- 6 x 1 Germânia
14/08- 2 x 5 A.A. das Palmeiras
11/09- 3 x 2 Germânia
18/09- 1 x 5 A.A. das Palmeiras
12/10- 1 x 4 Americano

01/11- 3 x 2 Paulistano
20/11- 2 x 1 Ypiranga

1911
21/05- 2 x 1 Germânia
28/05- 5 x 3 A.A. das Palmeiras
04/06- 4 x 3 Americano
11/06- 3 x 2 Paulistano
20/08- 2 x 2 Americano
03/09- 2 x 1 Ypiranga
17/09- 1 x 2 Paulistano
12/10- 2 x 1 Ypiranga
22/10- 2 x 0 Germânia

1912
07/04- 0 x 2 Americano
26/05- 1 x 3 Paulistano
02/06- 0 x 1 Internacional
16/06- 3 x 2 Ypiranga
07/07- 1 x 1 Germânia
13/07- 2 x 6 A.A. do Mackenzie College
21/07- 0 x 3 Americano
24/08- 0 x 5 A.A. do Mackenzie College
01/09- 7 x 1 Ypiranga
15/09- 1 x 0 Internacional
20/10- 1 x 4 Germânia

Fontes:
        60 anos de futebol em São Paulo, de Adriano Neiva da Motta e Silva, o De Vaney – Publicado no jornal A Tribuna de Santos, de 25 JAN 1956 a 29 FEV 1956.
        Matéria de John Robert Mills, disponível em < http://www.spac.org.br>, acessado em 5 OUT 2005.
        História do S.P.A.C., disponível em: < http://www.campeoesdofutebol.com.br/spac_historia.html >.

SANTOS ATHLETIC CLUB
(SANTOS ATLETICO CLUBE)
Fundação: 15 de Agosto de 1889
Website: http://www.clubedosingleses.com.br/
Endereço: Rua Santa Catarina, 127
Bairro do José Menino

Cidade: Santos

Um grupo de jogadores de críquete resolveu fundar o Santos Athletic Club, mais conhecido como o "Clube dos Ingleses", no escritório da firma cafeeira Naumann Gepp & Co. (dissolvida em 1970), por súditos de Sua Majestade Britânica, residentes na Orla, e liderados pelo australiano Alexandre Kealman (mais tarde naturalizado brasileiro) e Alfred Sell. Lá elegeram a primeira diretoria que foi composta pelo presidente, W. Ellis; vice-presidente W. S. Baillie; secretário, Andrew Miller Junior (tio de Charles Miller, o introdutor do futebol brasileiro anos depois); tesoureiro: Alfred Sell, e os diretores: J.W. Kempster, E.U. Broad e C.H. Tross.

Freqüentado por funcionários das empresas inglesas radicadas em Santos (São Paulo Railway e da Cia City) e de membros da colônia inglesa que trouxeram em sua bagagem os hábitos e a prática dos esportes daquele país filiou-se à Federação Paulista de Tênis e à Federação de Bridge. Em suas quadras já foram praticados quase todos os esportes tipicamente britânicos, como o cricket, rugby, bowls, footballl, tênis, basebol, tiro ao alvo.

As cores do clube surgiram na época em que Santos, que contava com 20 mil habitantes e duas mil casas no início do ano de 1889, assistiram à epidemia de febre amarela, que se alastrava por toda a região. Contam as lembranças do clube que tendo sido marcada uma partida de críquete em São Paulo, o Santos Athletic viu seus jogadores serem acometidos pela doença e, em função disto, estabeleceu como suas cores oficiais: azul do céu; amarelo da febre; e preto do luto.

É certo que, em fins de maio de 1889, o surto da febre amarela, após vitimar 733 pessoas abrandou, e o Sr. F.S.

Hampshire ofereceu Rs 940$000 (novecentos e quarenta mil réis), em nome da colônia inglesa, ao Hospital Beneficência Portuguesa a fim de demonstrar a gratidão dos ingleses pelo atendimento e tratamento de saúde que receberam nos dias mais dramáticos do surto. E desde o dia 8 de janeiro de 1898, quando o Santos Athletic Club registrou seus Estatutos Sociais e estabeleceu individualidade jurídica, estas são as cores que passaram a figurar como distintivos do clube.

Dez anos mais tarde, Alfred Sell, gerente da Western Telegraph Co., e Alexandre Kealman, incentivaram a compra de três terrenos localizados próximos ao sopé do morro do José Menino, unindo ao cricket a prática do atletismo e do tênis.

No ano de 1908, toda a área que o Clube hoje ocupa, já estava comprada. A primeira sede era um chalé de madeira destinado à guarda de material esportivo. Desta data até hoje teve três, sempre mantendo o aconchego de um "pub" inglês. Com a criação da nova sede e a fusão com o Anglo American Club, muitas modificações ocorreram.

O Clube passa intensificar sua vida social com a presença das mulheres. Surge o chá das cinco, a sala de bilhar, o salão de baile e o palco.

O clube dos ingleses como ficou conhecido, foi o primeiro adversário do Santos Futebol Clube - segundo historiadores deste - em 15 de setembro de 1912, com vitória do peixe da Vila Belmiro por 3 a 2, no campo do C.A. Internacional, na Avenida Ana Costa, n°. 22, local onde hoje se encontra a Igreja Coração de Maria. Os gols foram marcados por Arnaldo Silveira (2) e Adolpho Millon Jr. para o "Peixe", e Lee (2) para os "Ingleses". E a formação das equipes foi a seguinte:

Santos A.C.: Parsons, Kent, De Weck, Wood e Seddon, Lee, Sauul e De Saone, Allen e os irmãos Victor e Harold Cross.

Santos F.C.: Julien Fauvel; Sidnei e Arantes; Ernani, Oscar e Montenegro; Millon, Hugo, Nilo, Simon e Arnaldo Silveira. (Belmarço jogou).

A imprensa santista assim noticiou o evento histórico:

"Com uma concorrência, que a bom tempo não temos visto, realizou-se ontem o match entre o distinto Club Inglês e o Santos Foot-Ball Club. Em redor do field, achavam-se as mais distintas famílias inglesas e brasileiras. Commentava-se a quem caberia a victoria, uns opinavam pelos brasileiros, outros pelos ingleses. Começada a lucta, ás 2 e 30 minutos coube o kik of aos nacionais que logo perderam a bola, não demorando deram uma revanche pondo em serio perigo o gol dos ingleses. Depois de uma luta renhida, terminou o primeiro tempo com o seguinte resultado:

Santos Athletic Club 1 goal. Santos Foot-Ball Club 1 goal.

No segundo tempo a lucta tornou-se mais renhida, vendo-se então os belos de Montenegro, Oscar e Belmarço, que aumentaram o placar com mais 2 goals para o seu team. Os ingleses por sua vez multiplicam seus esforços, conseguindo mais um goal, feito por Lee. Convem destacar o goal kipper Fauvel que jogou admiravelmente, e bem assim Montenegro, Simon, Belmarço e Arantes. Dos inglezes destacam-se seu goal kipper Person, Lee e Cross. Ás 15h30 horas terminou o jogo com a victoria do Santos Foot-Ball Club por 3 goals a 2."

Nesta histórica disputa, o Santos F.C. jogou de camisa branca com botões e mangas compridas e uma braçadeira azul representando as suas cores da época: o azul, branco e dourado. O Santos A.C. jogou de azul e amarelo com o distintivo que mantém até hoje.

Em meados desta década o clube não mais quis saber de futebol, assim como outros clubes, evidenciando um declínio do esporte na cidade de Santos.

Em 27 de novembro de 1930, houve assembléia geral ordinária para mudanças no Regimento Interno, e A. Richards propôs então o início de estudos para a fusão do Anglo American Club ao Santos Athletic Club, como forma de resolver as dificuldades financeiras. Porém muito tempo se passou até que as questões jurídicas da fusão fossem solucionadas. A completa fusão desses clubes foi definida na reunião de 8 de julho de 1932.

Com a Segunda Guerra Mundial, surge a abertura de sócios de qualquer nacionalidade. Na era Vargas, o clube passa a chamar-se Santos Atlético Clube, mas continua a ser conhecido como clube dos ingleses.

Com 128 anos, cercado de muito verde em sua vasta área social, e atualmente conhecido sob o apelido de Clube dos Ingleses & Caiçara, o Santos A.C. é uma das agremiações mais tradicionais da cidade, mas que não mantém uma equipe de futebol profissional. Várias atividades esportivas são proporcionadas aos seus associados, tais como: Badminton, Boxe, Futebol Society, Futsal, Patinação Artística, Tênis, Tiro Esportivo, Tiro com Arco, etc.

Fontes:
Portal Novo Milênio < http://www.novomilenio.inf.br >
Portal do Santos A.C. < http://www.clubedosingleses.com.br >.
Portal do Santos F.C. < http://www.santosfc.com.br >.
Campeões do Futebol < http://www.campeoesdofutebol.com.br >.
Centro de Memória e Estatística do Santos F.C.

* * *

SOCIEDADE MUSICAL UNIÃO DOS ARTISTAS
(SOCIEDADE MUSICAL UNIÃO DOS ARTISTAS FERROVIÁRIOS)
Fundação: 5 de Agosto de 1896
Website: http://smuaf-banda.blogspot.com.br
Endereço: Avenida 5, 162, Centro.
Cidade: Rio Claro

Fundado numa casa situada entre as Avenidas 12 e 14, cujo principal objetivo era manter uma banda de músicos. Os fundadores desta associação foram Claro da Silveira, Antonio Witzel, Primo Rivera, José Joaquim da Silva, João Portz e

Sebastião Ribeiro dos Santos. O Jardim Público, na Praça 15 de Novembro, foi o primeiro local de encontro dos músicos. Em 1903, a primeira sede da "União dos Artistas" foi estabelecida na Avenida 8, ao lado da antiga Tipografia Costa. Neste prédio, que comportava os instrumentos, serviu também para a promoção de danças e jogos de salão. Nele foi formado o time de futebol, cuja presidência estava com o Sr. Joaquim Arnold e Nabucodonosor Prado.

Sede da Avenida 5, 162, Centro. Foto do ano de 2006

Os músicos jogadores alcançaram sucesso ao saírem vitoriosos das disputas com os times com os quais jogaram na primeira década do século que se passou. Uma das formações do time de futebol dos músicos contava com Augusto Knudsen, Bento Siqueira, Martinho Hunger, Augusto Bull, Rêmulo Consorti, Antonio Furlan, Nenê Augustinho e Celso de Lima. Dentre as pessoas citadas, Joaquim Arnold, Augusto Büll e Celso de Lima iriam fazer parte da fundação do Rio Claro Football Club em 1909.

Em 1905, a sede da União dos Artistas transferiu-se para a Avenida 6 com a Rua 5, e a associação foi renomeada para

23

Grêmio Recreativo dos Empregados da Companhia Paulista de Estradas de Ferro.

Sob a presidência de Adão Gray, em 1907, as reuniões do Grêmio passaram a ocorrer no palacete de Marcello Schmidt (antiga casa do Barão de Araraquara, que posteriormente seria agraciado com o título de Visconde de Rio Claro), atual Escola Estadual Marcello Schmidt, lugar onde se multiplicaram os bailes e os esportes.

No ano de 1910, o prédio da sede foi vendido para o governo do Estado e o Grêmio passou a sua sede para a Rua 9, no Bairro da Santa Cruz, onde está mantido até os dias atuais. Logo após o ocorrido, a banda separou-se das demais modalidades devido a desentendimentos entre as diretorias dos músicos e a do clube. A partir de então, a banda voltou a usar o nome de Sociedade Musical "União dos Artistas" e passou por um longo período de muitas dificuldades, pois não mais contava com o auxílio da Cia. Paulista.

Somente na década de 1950, quando Fernando Betim Paes Leme (à época chefe das Oficinas da Cia. Paulista) ofereceu ajuda em troca de ser incorporada ao final do nome da banda a palavra "ferroviários", a situação da sociedade musical melhorou.

Na década de 70 deixa de pertencer à Ferrovia quando a antiga Cia. Paulista, já FEPASA, interrompeu o apoio dado, porém a banda preservou o nome de Ferroviários. No fim da década de 80 a banda firma um contrato com a Prefeitura Municipal de Rio Claro, que passa a subsidiar apresentações para a sociedade rio-clarense e cidades vizinhas.

Fontes:

SANTOS, Armando dos. Sociedade Musical "União dos Artistas".

MORATELI, Jovelina. Sociedade Musical "União dos Artistas Ferroviários": edição comemorativa 1896-1996 – centenário. Rio Claro.

TONINI, Marcel Diego. Monografia Ferrovia e futebol: o caso da Companhia Paulista de Estradas de Ferro na cidade de Rio Claro, 1870-1930.

Blog União dos Artistas < http://smuaf-banda.blogspot.com.br >.

Campeões do Futebol < http://www.campeoesdofutebol.com.br >.

GRÊMIO RECREATIVO DOS EMPREGADOS DA COMPANHIA PAULISTA DE ESTRADAS DE FERRO

Fundação: 5 de Agosto de 1896

Website: http://www.gremiocp.com.br/
Endereço: Rua 9, nº 1569 - Bairro Santa Cruz
Cidade: Rio Claro

As Oficinas da Companhia Paulista de Estradas de Ferro foram estabelecidas na cidade de Rio Claro em 1892, aproveitando-se das instalações anteriores das oficinas de manutenção da The Rio Claro São Paulo Railway Company. Essas oficinas já existentes foram remodeladas, ampliadas e adaptadas às novas condições para manutenção do material rodante da Cia. Paulista. Esse fato fez com que a companhia passasse a concentrar na cidade cerca de dois mil ferroviários, constituindo-se a maior indústria empregadora de Rio Claro e uma das maiores do Estado de São Paulo.

Fachada da sede atual. Foto: Divulgação.

A cidade, ao final do século XIX, não disponibilizava de tantos serviços sócio-culturais para a população. A vida citadina girava em torno, basicamente, das festas religiosas. Em virtude de o município apresentar poucos eventos e atrações, a Cia. Paulista, pensando no seu grande contingente de trabalhadores, muitos destes acompanhados de suas famílias, resolveu incentivar práticas de lazer aos ferroviários.

Sendo assim, em 5 de agosto de 1896, é fundado por ferroviários e para ferroviários, o Grêmio Recreativo dos Empregados da Companhia Paulista de Estradas de Ferro, como pode ser visto no próprio nome, embora atualmente seja aberto a todas as outras pessoas cujas profissões não estejam ligadas necessariamente à ferrovia. Em 1905, incorpora (ou é incorporado) a Sociedade Musical União dos Artistas. Em 1910 a união é desfeita, e cada uma das entidades seguiu seu rumo.

Os sócios fundadores do Clube foram Cristiano Leonardo Sobrinho; Adão Gray; James Férmie; Primo Rivera; João Timoni; Júlio Marasca e Mathew Busch.

Apesar de todos os fundadores do Grêmio terem sido ferroviários e de todos os seus sócios, por um longo tempo, o serem necessariamente, há relatos que dizem que elementos importantes da sociedade rio clarense (como alguns médicos, políticos e um maestro) participaram também da sua fundação.

O Grêmio desde o início contou com a ajuda da Cia. Paulista, que só cessou definitivamente em 1971. Todo o material que não era utilizado pela empresa era levado para o Grêmio que acabava ajudando o clube de alguma maneira. Até mesmo trilhos desgastados da ferrovia, quando eram substituídos por novos, acabavam sendo levados para o Grêmio. O fato de ter na sua direção os altos funcionários da companhia era um facilitador para o crescimento e desenvolvimento do clube, afinal isso era de interesse da própria Cia. Paulista. Os gastos gerados pelo Grêmio para benfeitorias em geral eram quitados também pela ferrovia. Como se vê, a empresa ferroviária, enquanto pôde, não mediu esforços para auxiliar o clube.

Com a abertura do Grêmio aos demais cidadãos rio-clarenses (não ferroviários), após o fim da parceria com a Cia.

26

Paulista, provavelmente o clube não teria desenvolvido ou mesmo sobrevivido. Primeiro, porque em 1970 a Cia. Paulista deixou de exercer influência sobre a associação; segundo devido à ferrovia ter ramais desativados pelo Estado a partir de 1965 e, em dezembro de 1998, ser privatizada pelo mesmo, fatos que levaram a demissão de muitos ferroviários e a não incorporação de novos trabalhadores, sendo estes possíveis sócios daquela agremiação. Assim, com o passar do tempo, o clube foi ficando mais flexível e dando possibilidade a qualquer rio clarense de se tornar seu sócio. Entretanto, há, no estatuto do clube, a distinção categorial entre sócios que são ou foram funcionários da Cia. Paulista e aqueles que nunca tiveram vínculos empregatícios com a ferrovia.

Uma das primeiras atividades estimuladas por este clube foi a prática do futebol, esporte trazido à cidade pelos ingleses da própria ferrovia. Em poucos anos, alguns ferroviários começaram a criar os primeiros clubes voltados exclusivamente ao futebol (como, por exemplo, o Anhangás Foot-Ball Club, em 1906).

O Grêmio e a "União dos Artistas", curiosamente, mantém em seus estatutos a mesma data de fundação.

Suas cores sempre foram azuis e brancas, as mesmas da cidade.

Fontes:
Portal do Grêmio Recreativo <http://www.gremiocp.com.br>.
SANTOS, Armando dos. Sociedade Musical "União dos Artistas".
MORATELI, Jovelina. Sociedade Musical "União dos Artistas Ferroviários": edição comemorativa 1896-1996 – centenário. Rio Claro.
TONINI, Marcel Diego. Monografia Ferrovia e futebol: o caso da Cia. Paulista de Estradas de Ferro na cidade de Rio Claro, 1870-1930.
Campeões do Futebol < http://www.campeoesdofutebol.com.br >.

ASSOCIAÇÃO ATHLETICA DO MACKENZIE COLLEGE
Fundação: 18 de Agosto de 1898
Website: http://www.mackenzie.br/
Endereço: Rua da Consolação, 930
Bairro da Consolação
Cidade: São Paulo

O Colégio Mackenzie teve origem em 1870 com a abertura na sala de jantar da residência de Mrs. Mary Annesley Chamberlain, esposa do Reverendo George Whitehill Chamberlain, na Rua Visconde de Congonhas do Campo nº 1, São Paulo, de uma pequena escola de três crianças. Pioneiro na educação sem distinção de sexo, raça ou crença, nasceu tão modesto e despretensioso, que nem foi registrado o dia.

Vinte e seis anos depois, em 1896, chega dos Estados Unidos Augusto Shaw, trazendo consigo uma bola de basquetebol, que acabou por não ser usada só para este fim. Serviu, também, para a prática do futebol. Shaw foi o responsável pela fundação do futebol no Mackenzie College, por imposição dos alunos.

O clube agrupava jovens da elite, como Belfort Duarte, Augusto Shaw, Mario Eppingaus e Ibanez Moraes Salles que representavam as tradições desse "distinto" colégio. O time era formado apenas por atletas que freqüentavam essa instituição. Era o clube dos brasileiros e para brasileiros. Treinava na Chácara Witte.

Em 5 de março de 1899 faz um jogo amistoso com a recém criada equipe do Hans Nobiling (0 x 0). Nessa tarde, estreou seu uniforme (o primeiro uniforme de um clube brasileiro): camisa vermelha e gravata branca. E era tão indispensável o alinho no fardamento, que quando o zagueiro Augusto Guerra ia entrando em campo o Sr. Augusto Shaw o repreendeu irritado:

-"Não, Augusto! Assim não! Assim com essa gravata torta, como a sua está, eu não consinto que você jogue!".

Em 3 de maio de 1902 o clube realizou a primeira partida oficial do futebol brasileiro, vencendo o Sport Club Germânia por 2 a 1, em jogo válido pela Liga Paulista de Foot-Ball. O autor do primeiro gol do jogo e da história oficial do futebol no país foi do mackenzista Eppingaus, Kirschner empatou, e Alício de Carvalho deu números finais à partida. O árbitro foi Antonio Casimiro da Costa, e a formação das equipes foi a seguinte:

Uniforme utilizado em 3 de maio de 1902

 A.A. do Mackenzie College: Rehder, Warner e Belfort Duarte; Sampaio, Alício de Carvalho e Lourenço; Yelrd, Eppingaus, Pedro Bicudo, Armando Paixão e Lopes.

 S.C. Germânia: Brasche, Hans Nobiling e Riether; Kawwal, Baumann e Muss; Linz, Kirschner, Nicolau Gordo, Russo e Hinghehardt.

No ano de 1904, em 5 de setembro, faz seu primeiro jogo interestadual, um amistoso, tendo como adversário o Fluminense F.C., do então Distrito Federal, vencendo-o por 1 a 0, no campo do Velódromo Paulistano, com gol de Edmundo. O jornal Correio Paulistano do dia seguinte deu como grande destaque do jogo o Goalkeeper Slade, do Mackenzie. O Referee foi Charles Miller

Na primeira assembléia dos associados do ano de 1906, no início de março, é eleita a seguinte diretoria:

Presidente, o Sr. José Ferreira da Silva Júnior; Vice-presidente, Horacio Young; 1º. Secretário, Nathanael Bizzarro; 2º. Secretário, José Ferre; Tesoureiro, Irineu de

Carvalho Braga; Capitão, Henrique Ruffim; Representante perante a Liga Paulista, Adhemar Queiroz de Moraes.

Nesta mesma reunião foram empossados na Comissão de Sindicância os Srs. Carlos Leférre, Henrique Miranda e Francisco Coutinho. Na Comissão de Campo os eleitos foram: Antonio Ribeiro, Coriolano Lima e Francisco Coutinho.

Depois de uma briga interna em 1907, o clube desaparece temporariamente das disputas oficiais, retornando apenas em 1912. Um ano após a volta ao futebol, faz amistoso com um combinado de Portugal, o Lisboa-Benfica, saindo vitorioso por 5 a 1.

Em 1920, o Mackenzie fez uma parceria com a Portuguesa de Desportos, na época Associação Portugueza de Sports, para a disputa do campeonato paulista e o nome passou a ser Portugueza-Mackenzie, conhecido carinhosamente de Mack-Port, sendo criado um escudo com as cores verde e vermelho.

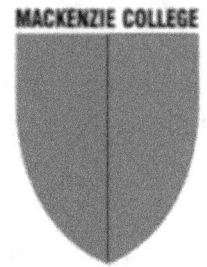

Escudo do Mack-Port.

A primeira partida oficial da fusão dos dois clubes foi pelo campeonato paulista de 1920, um empate por três gols frente ao C.A. Ypiranga. Eis a ficha da partida:

C.A. Ypiranga 3 x 3 A. Portugueza-Mackenzie
Data: 25/Abril/1920, Local: Campo do Ipiranga.
Árbitro: Agnello Bastos.
Gols: Netto (2), Cetra, Zecchi (2) e Rolando.

Ypiranga: José, Grané e Ferreira; Japonês, Faragassi e Motta; Formiga, Netto, Cetra, Teppet e Osses.

Portugueza-Mackenzie: Mesquita, Raphael e Gallo; Cardoso, Gabão e Maurício; Peres, Zecchi, Bueno, Dino e Rolando.

Sobre um dos jogos do "novo clube", o Estado de São Paulo, de 07 de novembro de 1920, noticiou:

São Bento vs. Portugueza-Mackenzie

Pela primeira vez disputa o campeonato a sociedade formada pela fusão da Associação Portugueza de Esportes e pela A. A. Mackenzie, batendo-se contra o S. Bento, no campo do Palestra Itália.

O quadro da Portugueza-Mackenzie é portanto, ainda uma incógnita, em sua atuação. E o São Bento que deve saber disso terá tomado, talvez, suas providencias.

Ao final do campeonato, o Mack-Port., disputou 16 partidas, venceu apenas uma, empatou outra, e perdeu catorze. Foi uma presa fácil aos seus adversários, sendo goleado na maioria dos seus jogos. Entre os dez clubes que iniciaram a competição, ficou à frente apenas do Santos F.C., que havia abandonado o campeonato.

Em 1921 o Mack-Port. ficou na 8ª colocação entre os doze participantes e, em 1922, também com doze clubes, ficou na 10ª posição. Após a disputa deste ano, já em 1923, a Portugueza resolve desfazer a parceria, e a Associação Athletica do Mackenzie College encerra definitivamente sua equipe de futebol.

Em termos de títulos, as únicas conquistas foram pela Associação Paulista de Sports Athleticos, Campeonato Paulista de Segundo Quadros, em 1913 e 1916.

Fontes:
    O Correio Paulistano, 8 MAR 1906 e 6 SET 1904.
    A Província de São Paulo, 4 MAR 1902.
    Revista do Mackenzie - Cem Anos de Futebol - O Jogo da Saudade, 25 SET 2002.
    O Estado de São Paulo, 7 NOV 1920.
    Campeões do Futebol < http://www.campeoesdofutebol.com.br/ >

* * *

HANS NOBILING QUADRO
Fundação: 1898
Extinção: 1899

Cidade: São Paulo
Local dos jogos: treinava no campo da Chácara Dulley (no Bom Retiro, entre Luz e Ponte Grande).

Em 1897 chega a São Paulo, vindo da Alemanha, o cidadão Hans Nobiling, natural de Hamburgo, onde jogava pelo S.C. Germânia. Em seu poder Hans traz uma bola e um exemplar dos estatutos do clube hamburguês. O ideal é o de difundir a prática do futebol. Primeiro Hans procurou influenciar os elementos da colônia alemã, mas a ginástica, esporte de predileção dos teutos, serviu de obstáculo ao seu objetivo. Convergiram, então, para os brasileiros as suas atenções. E foi ensinar o futebol a um extenso número de moços estudantes e a rapazes do comércio. O local dos ensaios é a Chácara Dulley, a mesma em que o São Paulo Athletic estivera durante muitos anos e que deixara para ir arrendar um terreno na Rua da Consolação, perto da Caixa D'água.

Lá, na Chácara Dulley, Hans exercita a sua rapaziada sempre que há oportunidade. Às vezes não encontra tempo para treinar à tarde, mas não se perturba com isso: marca o ensaio para a noite. E é à luz da lua que muitas vezes, os sapos espantados, vêem correr para cá, para lá, dois bandos de rapazes, atrás de uma bola enrolada em pano branco. Os treinamentos só se interrompem à falta de energia da lua, como hoje acontece à falta de energia elétrica.

Uma tarde Hans Nobiling deu a equipe como em ponto de bala. Escolheram um nome por aclamação: "Hans Nobiling Quadro". Em seguida resolveram marcar o primeiro "match". Convidaram o São Paulo Athletic, que acabou por não aceitar o confronto. Uma outra tentativa foi feita. Desta vez o convite foi ao Mackenzie. René Vanordem, do Mackenzie, serviu de intermediário e de animador para a realização do jogo. Disputa-se então, a 5 de março de 1899, a primeira partida no Brasil, entre quadros compostos, em quase sua totalidade, por brasileiros: Hans Nobiling 0 x Mackenzie College 0. Depois deste empate, voltam a jogar. Ganha o Hans Nobiling por 1 a 0. Animados, resolvem desafiar, mais uma vez, o "Athletic", que levam dois meses para aceitar.

Nos ingleses avultam as figuras de Charles Miller, Boyes, Robinson, Duff, Hodgkissis, Creew Bidel e Jeffery. O jogo é realizado na tarde de 29 de junho de 1899 e a assistência que o presencia passa a ser o recorde no Brasil: 60 pessoas. Os ingleses venceram 1 a 0. E isso, essa exigüidade, diz bem do equilíbrio.

No Hans Nobiling vão se formando elementos de valor: René Vanordem, Rolland, Mikulasck, Robotton, Vila Real, Wannschaff, Savoy, White, todos sob a direção de "Hans". Há um terceiro jogo, reunindo Hans Nobiling e Mackenzie, terminando com empate: 1 a 1. Os ingleses agora é que querem um prélio com o Hans Nobiling. Não se satisfizeram com o 1 a 0. Sabem que podem ampliar a contagem. E ampliam mesmo: 4 a 1.

A realização dessa série de cotejos deu impulso decisivo ao futebol de São Paulo. Já possuindo o São Paulo Athletic e o Mackenzie College, veio ele a contar com dois novos clubes que se originou do Hans Nobiling Quadro, o Sport Club Internacional, em 19 de agosto de 1899, e o Sport Club Germania, em 7 de setembro de 1899, atual E.C. Pinheiros. Tudo por que o Hans Nobiling Quadro deveria chamar-se Germania, por vontade de seu patrono, mas a assembléia de fundação, a que compareceram 25 rapazes, optou pelo nome de "Internacional", e isso porque tal nome abrangeria todas as nacionalidades dos associados e não a dos alemães, como se daria no caso de prevalecer o nome "Germania".

Hans Nobiling foi o segundo nome a avultar na história do futebol paulista. Sua ação foi até mesmo mais ampla, arguta e decisiva do que a de Charles Miller, para quem Hans Nobiling perde, apenas, na prioridade da introdução.

Ele não se limitou a trazer a bola e mandar vir outras de Hamburgo. Foi Hans quem mostrou como lidar com ela e, mais popularmente, como chutá-la, defendê-la, passá-la, em sincronia de movimentos. Ele foi, a um só tempo, ação e execução, teoria e prática, executante e mestre. Os treinos com o "Hans Nobiling Quadro" (a equipe piloto do futebol brasileiro); a idéia de desafiar os ingleses; a transferência do desafio para o Mackenzie; a fundação do Internacional, que acabou se consubstanciando, para ele, no aparecimento mais rápido do Germânia, tudo isso confere a Hans Nobiling o aspecto e a configuração de viga-mestra na construção do edifício do futebol de São Paulo.

Fontes:
    "Os primeiros 60 anos do futebol paulista", de 1956, autor: jornalista Adriano Neiva da Motta e Silva - o De Vaney, publicado no jornal santista A Tribuna, de 25 de janeiro a 29 de fevereiro de 1956.

* * *

SPORT CLUB INTERNACIONAL
Fundação: 19 de Agosto de 1899
Endereço em 1906: Rua José Bonifacio - esquina da Rua São Bento – n°. 2 - centro
Cidade: São Paulo

Origem - O clube se originou do Hans Nobiling Quadro, equipe chefiada por Hans Nobiling, que disputava partidas avulsas contra o Mackenzie College e o São Paulo Athletic.

Entre a última partida da série avulsa de desafio dos três quadros de 1899 e a fundação do Internacional passou-se apenas um mês e meio. A reunião inicial, que foi feita na residência de Leopoldo Villa Real, à rua Senador Queirós, n° 5, não acabou bem. Divergências sobre o nome. Um grupo queria que se chamasse Sport Club Germania, outro optou pela denominação de Sport Club Internacional. Os adeptos dêste venceram na votação.

A diretoria, logo em seguida, ficou composta por Antônio Campos, presidente; Henrique Vanorden, vice-presidente; Júlio Villa Real; secretário; Ernesto Ey, tesoureiro. Para a organização dos Estatutos escolheu-se a seguinte comissão composta dos Drs. Nikolas Edwards, Otto Krischke e Victor Weisskopf. O Sr. René Vanorden, provisóriamente, dirigiu o "team".

Após a escolha das côres prêto e vermelho, que substituíram as escolhidas anteriormente, prêto e azul, deu-se inicio aos primeiros treinos, que eram feitos na Chácara Dulley, também conhecida por Chácara Witte. Essa chácara estava localizada atrás da antiga cadeia, e onde se acha hoje, a Escola Politécnica de São Paulo.

Os Estatutos - A 10 de março de 1900, os estatutos foram aprovados. Nesse mesmo ano, já o seu primeiro quadro jogava, e às vêzes com vantagem, contra os estudantes do Mackenzie College, então valentes jogadores.

O clube progrediu espantosamente. Talvez por ser o único que aceitava todas as nacionalidades (o Mackenzie não aceitava sócios que não fossem alunos do colégio), êsse grupo esportivo começou a ser querido por todos. Aliás, os seus estatutos, liberalíssimos, davam entrada a quem quisesse: inglêses, franceses, portuguêses, todos podiam inscrever-se. Por isto, o nome "Internacional".

Desta maneira, a diretoria, vendo que eram acanhadas as quatro paredes da sala gentilmente cedida pêlo Grêmio Português, resolveu fazer uma instalação suntuosa no centro da cidade. Foi alugado um prédio na Rua José Bonifácio, esquina da Rua São Bento. O edifício tinha vastas dependências: salão de leitura, sala de jogos, sala de esgrima, terraço para ginástica, barra fixa, lançamento de dardos, etc.

No Guia de Football, de abril de 1906, o clube aparece descrito da seguinte forma:

O *Internacional* continua a ser enthusiastico propagador da educação physica e especialmente do football.

Conta, este anno, poder enfrentar os seus adversários nas luctas do campeonato, com um team forte e disciplinado.

DIRECTORIA:

Presidente Honorario – Antonio de Souza Queiro.

Presidente Effectivo – João Carlos de Mello – R. Paraizo N. 14.

Vice-Presidente – Dr. Armando Prado.

1° Secretario – Antonio de Souza Queiro, R. Consilação N. 18.

2° Secretario – Julio Ribeiro.

1° Thesoureiro – Antonio Massariol, R. 7 de Abril N. 62.

2° Thesoureiro – Victor Leite Mamede.

DIRECTORES:

Bento Vianna

Nicolau Marmo

Johanes Manteufel

Representante na Liga – Bento Vianna.

Cores do club: Preto e vermelho, sendo a camisa com listas vermelhas e pretas, calção preto e bonet metade de cada cor.

Campo de exercício – Muito bem installado fica a Rua Consolação, 153 A, por onde passam os bonds de Villa Buarque (via Consolação) Avenida e Araçá.

Séde social – A séde social do club continua a Rua José Bonifacio esquina da Rua São Bento N. 2, com varias salas para bilhar, esgrima, Box, etc. A aula de Gymnastica está sob a direcção dos Snrs. Nicolau Marmo e Carlos de Aguiar e funcciona as terças e extas feiras; a de esgrima sob a direcção dos Snrs. Joaquim Barros e Edmond Plauchut e funcciona as segundas e quintas feiras; e a de Box sob a direcção do Snr. N. Montowsky funccionando as quartas e sabbados.

Numero de sócios 200.

Ao longo de sua história, o SC Internacional conquistou apenas dois títulos: Campeonato Paulista de 1907 (Liga Paulista de Football) e 1928 (Liga de Amadores de Futebol).

Em 1933, em dificuldades financeiras, fundiu-se ao Antarctica Futebol Clube, dando origem ao Clube Atlético Paulista.

Fontes:
A Gazeta Esportiva Ilustrada, de janeiro de 1962.
LIGA Paulista de Football, São Paulo. [Guia de football. 4.ed. São Paulo: Cardoso, 1906]
Arquivo do Clube disponível em:
<http://www.campeoesdofutebol.com.br/internacional_1899_sp.html>

***

SPORT CLUB GERMANIA
(ESPORTE CLUBE PINHEIROS)
Fundação: 7 de Setembro de 1899
Website: http://www.ecp.org.br/
Endereço: Rua Angelina Maffei Vita, 493
Bairro Jardim Europa
Cidade: São Paulo

Hans Nobiling esteve presente na criação do Sport Club Internacional, mas como pretendia um clube mais próximo da colônia alemã, criou o Sport Club Germania, cujas primeiras reuniões ocorreram na casa do Sr. Rudolf Wahnschaffe, com endereço à rua da Mooca nº 115, localizada em uma região que abrigava, nessa época, grande número de imigrantes.

O Germania foi o clube que realizou junto com a Associação Athletica do Mackenzie College, o primeiro jogo oficial do futebol no Brasil em 1902.

Uniforme utilizado em 1899

37

Nesta partida o Germania entrou com seu uniforme caracterizado pelas camisas com o lado esquerdo do peitoral em azul e o outro em preto, calções pretos e meias pretas, sem numeração, como era na época.

O pequeno campo da Chácara Witte, que ficava nos fundos da Chácara Dulley, era onde o Germania realizava seus jogos. Esta chácara situava-se na Rua Três Rios, no bairro do Bom Retiro, exatamente defronte onde hoje se encontra a Faculdade de Farmácia e Odontologia.

Em 1899 a área disponível do campo da Chácara Witte não tinha nem o tamanho de meio campo de futebol, mas foi o suficiente para a equipe, ainda incompleta, se exercitar. Muitas vezes se limpava o prado dos treinos, pois a maioria do tempo era prado para gado.

Campo da Chácara Witte, entre os anos 1900 e 1903.
Foto: E.C. Pinheiros < http://www.ecp.org.br >

A aquisição do primeiro gol (felizmente no pequeno campo somente era possível um) também se tornou um problema de difícil solução, em virtude do pouquíssimo dinheiro em caixa, até que enfim foi decidido, numa reunião, permitir o gasto para duas "varas de trave". Com estas duas varas e uma corda branca estendida acima como "vara horizontal" foi construído o primeiro gol. Num barracão os jovens nunca

38

acanhados improvisaram uma ducha, de modo que, após os treinos, podiam se dar ao luxo de um banho. Um péssimo inimigo da caixa do clube também era o arame farpado ao redor do pequeno campo, especialmente danificado atrás do gol pelas bolas continuadamente chutadas por fortes pernas. O Sr. Nobiling, na ocasião presidente, capitão e guarda do material, também aqui encontrou uma solução. Foram colhidas rolhas velhas e fixadas na cerca, juntamente com trapos e outros objetos, até que se conseguiu ter condições de uma tela, colocada então atrás do gol antes de cada jogo. No interesse da caixa do clube, a boa vontade conseguiu transpor todos os obstáculos.

No início de 1900 o clube aceitou o convite do "Sport Club Internacional" e com isto realizou o seu primeiro jogo competitivo. Infelizmente a equipe do Germania ainda não estava completa e teve que pedir do próprio Internacional três jogadores emprestados, a fim de poder participar, em 3 de junho, no "Velódromo Paulista" na festa a favor do "Hospital Alemão". Naturalmente o resultado não foi uma vitória, mas o adversário venceu por 4 a 2.

Aos poucos o número de sócios foi aumentando e, em 1900/01, o clube já contava como sócios os seguintes senhores: os três fundadores Hans Nobiling, Hermann Friese e Rudolf Wahnschaffe, depois W. Kawall, Max Engelhardt, Arthur Ravache, J. Metz, Georg Riether, Arthur Kirschner, Alfred Lins, Hans Amels, Luis Reisig, Carlos Heincke, Marcelino Seliger, M. Schadlich, G. Lewin, R. Lemke, C. O W. Klaussner, H. Ravache, Eugen Nestarez, Avé Lallemant, Luis Niel, Franz Kirschner, Walter Klötzner, Paul Trebitz, Adolf Wahnschaffe, E. Rudolf, Curt Muller e E. Beierköhler. A diretoria do clube teve em 1900 a seguinte composição: 1º Presidente Sr. Hans Nobiling; 2º Presidente Sr. Arthur Ravache; Tesoureiro Sr. H. Baenninger; Escrivão Sr. R. Wahnschaffe Jr.; e Capitão Sr. Hans Nobiling

A atividade esportiva do Sport Club Germania não se limitou, de maneira alguma, somente à prática do futebol, mas acima de tudo desde o início o clube era aquele em São Paulo que dedicou a maior atenção ao atletismo e manteve aceso o interesse e o empenho dos sócios por meio de competições mensais.

O primeiro evento interno deste tipo foi realizado em 08.04.1900 na forma de um pentatlo e se compunha de chute da bola de futebol à distância, arremesso de rocha, corrida de 80 metros, salto em distância e arremesso da bola de criquet. O primeiro vencedor foi C. Behmer, segundo A Ravache e terceiro R. Wahnschaffe.

E 1902 fez parte da fundação da Liga Paulista de Football e, como conseqüência, transferiu o seu campo de jogo para o Parque Antarctica. Numa reunião foi decidido entregar ao Sr. Witte, como presente, um relógio de parede, em virtude da sua antiga e desinteressada ajuda.

As suas principais conquistas foram o campeonato paulista de 1906 e 1915, neste último ano venceu também, o paulista de segundos quadros. Teve como principal artilheiro na competição Hermann Friese, em 1905, com 14 gols; e Fuller, em 1906, com 4 gols. Em 1928, na Liga de Amadores de Futebol (L.A.F.), aplicou sua maior goleada, vencendo o União Lapa por 10 a 0. Deixou as disputas oficiais do futebol paulista após a edição de 1932.

Devido a Segunda Guerra Mundial, em 18 de março de 1942, teve que mudar sua denominação para Esporte Clube Pinheiros.

Fontes:

    Revista do Mackenzie - Cem Anos de Futebol - O Jogo da Saudade, 25 SET 2002.

    25 JAHRE - Sport Club Germania - 1899-1924.

    Campeões do Futebol < http://www.campeoesdofutebol.com.br >.

* * *

VOTORANTIM ATHLETIC CLUB

Fundação: 1º de Janeiro de 1900

Cidade: Votorantim, então distrito de Sorocaba.

O advogado e jornalista João dos Santos Júnior, em seu livro intitulado "Votorantim - História e Iconografia de uma

40

cidade" afirma que o futebol foi introduzido no Brasil na então Vila de Votorantim, cidade de Sorocaba.

As fábricas de tecidos no início da última década do século XVIII foram fundadas por ingleses, principalmente a fábrica de tecidos do Banco União, fundada na antiga vila de Votorantim, pertencente à cidade de Sorocaba. Esta empresa começou a edificar a fábrica, - diga-se de passagem, toda ela em estilo inglês, - sob as ordens dos ingleses de Manchester que iniciaram as obras em 1891, três anos antes da vinda de Charles Miller, introduzindo o esporte bretão na vila, e conseqüentemente desenvolveram o futebol com regras regidas pelo football association.

Os ingleses chegaram à Votorantim no ano de 1891, para construir uma fábrica de tecidos pertencente ao Banco União de São Paulo S/A. Foram contratados técnicos ingleses especialistas na área têxtil; esses técnicos vieram para trabalhar na montagem da indústria com tempo determinado. Sabe-se que os ingleses aqui estavam com mulheres e filhos, tinham data marcada para o retorno a sua terra de origem. Inicialmente as acomodações foram em Sorocaba, enquanto não ficava pronto o local de moradia na vila de Votorantim. Era num casarão, no bairro da Barra Funda, que ficou conhecido pela população como "Casarão dos Ingleses".

Fundado no mesmo dia, mas em local diferente do Sport Club Savóia, pela colônia inglesa da Fábrica de Tecidos Votorantim, e sob a liderança de William Snapp, o mesmo fundador do São Paulo Athletic Club.

Em 7 de setembro de 1903, por ocasião da comemoração da Independência do Brasil, disputa uma partida amistosa, tendo como adversátio o Club Athletic Sorocabano, vencendo-o por 4 a 1.

Foi o time oficial da Fábrica de Tecidos durante anos, até ser extinto, provavelmente antes da década de 10.

Fontes:
    JUNIOR, João dos Santos. Votorantim - História e Iconografia de uma cidade. Editora Ottoni. 1ª   Edição. Ano 2004.
    Wikipédia: <
http://pt.wikipedia.org/wiki/Clube_Atl%C3%A9tico_Votorantim >.

SPORT CLUB SAVOIA
(CLUBE ATLÉTICO VOTORANTIM)
Fundação: 1º de Janeiro de 1900
Cidade: Votorantim, então distrito de Sorocaba.

Quando fundado, Votorantim era apenas um bairro industrial de Sorocaba, sendo elevado a distrito em 18 de agosto de 1911. A sua emancipação política ocorreu em plebiscito no dia 1º de dezembro de 1963, e a instalação do município em 27 de março de 1965. A cidade de Votorantim comemora seu aniversário em 8 de dezembro.

O Savoia foi um dos primeiros clubes de futebol do interior do estado de São Paulo, e que disputou o campeonato paulista da 2ª divisão de 1948 a 1952, foi fundado por técnicos e operários italianos da Fábrica de Tecidos Votorantim, no Município de Sorocaba, com uniforme azul de gola branca. O nome inicial do clube foi escolhido para homenagear a Cruz de Savóia, o brasão do reino italiano. Era o segundo time dos funcionários da fábrica.

O clube foi reorganizado em 4 de dezembro de 1939, e para muitos, essa seria a real data de fundação do Clube Atlético Votorantim, que adotou este nome em 21 de dezembro de 1942, com a entrada do Brasil na II Guerra Mundial.

O Correio Paulistano de 22 de julho de 1907 faz referência a uma partida amistosa do Savoia, que perdeu por 1 a 0 para o Operário de Mayrink, com gol de Bebé:

"MAYRINK VERSUS VOTORANTIM"
Conforme noticiamos, realizou-se hontem, em Votorantim, o match entre os teams do Sport Club Operário, de Mayrink, e o Sport Club Savoia, de Votorantim.
Votorantim é um pequeno bairro industrial de Sorocaba, onde os operários, nos dias de folga e nas horas de descanso, entregam-se ás lides do foot-ball. O mesmo acontece em Mayrink, em cuja localidade estão collocadas as officinas da Estrada de Ferro Sorocabana.

Os operários, constituídos em teams bem organizados, ganharam fôrça de bons jogadores depois de continuas pelejas e de constantes trainings.

As duas equipes, de Votorantim e de Mayrink, já tem provado as suas fôrças, procurando desenvolvel-as o mais possível.

Há dias combinaram o match que hontem se realizou, estando ambas perfeitamente preparadas.

O jogo foi iniciado ás 11 e meia da manhã, servindo de referee o sr. A. Brest de Carvalho.

A disposição dos teams era a seguinte:

Mayrink: Fernando, Breno, Lefévre; Plínio, Raul, Costa; Siqueira, Duval, Marine, Bebé, Charles. Reservas: Angelino e Vighy.

Votorantim: Caetano; João, Paulo, Manuel, Otto; James, Germano, Vicente; Antonio, Guido; Ferreira.

Em 1910 o Savoia foi convidado a disputar um torneio seletivo que forneceria uma vaga na elite do Campeonato Paulista. Os adversários eram o Vila Buarque Football Club e o Clube Athletico Ypiranga, mas o Savoia dá azar. O até então desconhecido Ypiranga, de Arthur Friedenreich, na época com 18 anos, vence por 4 a 2 e fica com a vaga.

No ano de 1915 o Savóia faz a primeira partida da história da S.S. Palestra Itália, atual S.E. Palmeiras. O jogo foi realizado em 24 de janeiro, no campo dos Castelões, em Votorantim. O primeiro gol do jogo foi de Bianco, de falta, e o segundo de Alegretti, de pênalti. O jogo terminou 2 a 0, e com o resultado, o Palestra Itália conquistou o Troféu Savóia (foto ao lado).

Em 1951 o empresário Antônio Pereira Inácio falece, e assume em seu lugar o genro José Ermirio de Morais. No ano seguinte as Indústrias Votorantim retiram o apoio ao clube, que em conseqüência desativa o departamento de futebol profissional.

No segundo semestre de 2012 alguns troféus do Savóia foram expostos no Museu de Votorantim. A exposição apresentou 15 peças que datam desde 1900. Os troféus retratam parte da história da equipe votorantinense. Entre as peças está o Brasão, Taça Palestra Itália (1929), Taça Metalúrgico (1945), Taça Juvenil de Bola ao Cesto (1951), Taça de Prova Pedestre "Monte Alegre" (1966), entre outros.

Fontes:
Correio Paulistano, 22 JUL 1907.
Campeões do Futebol < http://www.campeoesdofutebol.com.br >.
Wikipédia: <
http://pt.wikipedia.org/wiki/Clube_Atl%C3%A9tico_Votorantim >.

***

CLUB ATHLETICO DA LIBERDADE
Fundação: 1900 (Reorganizado em 27 de outubro de 1913)
Cidade: São Paulo

Não há informação exata da primeira data de fundação do clube. A única "pista" foi relatada pelo Correio Paulistano em 1913, como segue:

Com a presença de 32 socios, foi hontem tratada a reorganização deste club, fundado em 1900, no bairro da Liberdade, por alguns rapazes alli residentes.

Depois de alguma discussão, foi approvada a seguinte directoria provisória: presidente, dr. Lins de Vascocellos Junior; vice-presidente, José Cardoso de Menezes; 1º secretario, Alfredo de Camargo; 2º secretario, Cyro Bueno; 1º thesoureiro, Fernando Guastini; 2º thesoureiro, Alexandre Ruffin; captain, José Vaz Porto; procurador, Marcillo Augusto Pinto.

Foi em seguida organizado o seu primeiro team que ficou assim constituído:

Hugo
Cyro – Menezes

44

Arrizabalaga – Vaz Porto – Camargo
A. Ruffin – R. Ferreira - Renato
Monteiro – F. Guastini – Minguito

Fontes:
Correio Paulistano, 28 OUT 1913.
Campeões do Futebol <http://www.campeoesdofutebol.com.br>.

***

ASSOCIAÇÃO ATHLETICA PONTE PRETA
(ASSOCIAÇÃO ATLÉTICA PONTE PRETA)
Fundação: 11 de Agosto de 1900
Website: http://www.pontepreta.com.br/
Endereço: Pça. Dr. Francisco Ursaia, 1900
Bairro Jardim Proença
Cidade: Campinas

Fundada por jovens e alguns alunos do Colégio Culto a Ciência, capitaneados por Antonio Oliveira (Tonico), Luiz Garibaldi Burghi, o Gigette, e Miguel do Carmo, o Migué, um dos primeiros negros a jogar futebol, senão o primeiro, que resolveram improvisar um campo de futebol próximo a uma velha ponte pintada de preto sobre os trilhos da Companhia Paulista de Estradas de Ferro, sendo o nome Ponte Preta uma referência a esse local embrionário, A data de

O primeiro uniforme

fundação e o nome não são meros acasos, já que a data, 11 de agosto, é uma homenagem ao dia da chegada da ferrovia ao bairro da Ponte Preta em 1872.

A formação do clube foi em uma reunião realizada à sombra de duas paineiras, na casa de nº 1 da Rua Ponte Preta hoje conhecida como Rua Abolição. Nesta mesma reunião foi eleita a primeira diretoria: Pedro Vieira da Silva presidente; Alberto Aranha; secretario; Miguel do Carmo, tesoureiro; Antonio de Oliveira, procurador; Luiz Garibaldi Burghi, fiscal de campo. É o primeiro clube de futebol do Brasil em funcionamento ininterrupto e dono da maior torcida do interior do País. Jogava no campo do Cruzeiro, chamado assim por ficar próximo ao Cruzeiro das Missões, que já era utilizado desde a introdução do futebol na cidade, em 1897.

Em 1908 é criado o escudo ponte-pretano por João Burghi, que teria sido influenciado pelo visual dos escudos de times alemães da época.

No ano de 1912 conquista seu primeiro título, o da recém-criada Liga Operária de Foot-Ball Campineira. Na década de 20 incorpora a Associação Athletica Campinas, passando a utilizar o estádio deste como sede na Avenida Julio de Mesquita, no bairro do Cambuí, que depois de anos sendo utilizado, foi vendido em 1929 para se livrar de dívidas. Em 12 de setembro de 1948 inaugura seu próprio estádio, o Moisés Lucarelli.

Equipe da Ponte Preta utilizando o seu tradicional uniforme no principio do século passado, provavelmente 1908.

A Ponte Preta, apesar de nenhuma conquista de expressão nacional, é um dos maiores clubes do interior do Brasil, está sempre disputando a elite do futebol brasileiro. Não à toa, a data de fundação do clube é homenageada em

Lei (116/2000), de autoria do deputado estadual Carlos Sampaio, do PSDB, como sendo o Dia dos Clubes Profissionais do Estado de São Paulo, oficializada e promulgada pelo governador do estado Geraldo Alckmin em janeiro de 2002.

PRINCIPAIS TITULOS:
Taça Governador do Estado (2° turno do Paulistão) em 1978.
Campeonato Paulista da 2ª. Divisão (Série A2) de1969.
Campeonato Paulista de Amadores de 1951 (Invicto).
Campeonato Paulista de Segundo Quadros em 1927 e 1928, ambos pela Liga de Amadores de Futebol.
Campeonato do Interior de 1927 (Liga de Amadores de Futebol) e 1951 (Amador da Federação Paulista de Futebol)
Troféu Interior do Campeonato Paulista em 2009 e 2013.

Fontes:
        Zago, Vitorio Luis Oliveira - Futebol em Campinas: a história e evolução do Dérbi Campineiro na sociedade e imprensa de Campinas, 2002.
        A.A. Ponte Preta <http://www.pontepretaesportes.com.br >.
        Campeões do Futebol <http://www.campeoesdofutebol.com.br >.

***

CLUB ATHLETICO PAULISTANO
Fundação: 29 de Dezembro de 1900
Website: http://paulistano.org.br/
Endereço: Rua Honduras, 1400
Bairro - Jd. América
Cidade: São Paulo

A idéia de levar o futebol ao Velódromo surge no final do século XIX, quando jovens da sociedade paulistana assistem a um jogo entre o Mackenzie College e o Internacional e têm a idéia de criar um time genuinamente brasileiro. Durante um período foi se colhendo assinaturas de brasileiros para tentar ingressar no quadro social do São Paulo Athletic (SPAC) para se criar uma espécie de seção brasileira no clube inglês. De posse de 40 assinaturas contendo os nomes dos rapazes, um senhor chamado Arnaldo Pacheco, levou a referida lista para receber o aval e as assinaturas de Renato Miranda e Martinho Prado, ambos do SPAC, estes se insurgiram:

-"Não! Para ingressar no São Paulo Athletic não assinaremos".

E sugeriram:

-"Por que não se funda, com esses 40 rapazes, um clube brasileiro, paulista, paulistano?" E o nome ficou: Paulistano!

E assim, já no dia 29 de dezembro de 1900, é realizada uma assembléia para eleger a primeira diretoria da agremiação que receberia o nome de Club Athletico Paulistano.

O Clube teve sua primeira sede na rua da Consolação, onde se localizava o Velódromo. Na época, o ciclismo, o remo no rio Tietê e o golfe no Morro dos Ingleses eram os esportes mais praticados em São Paulo. O objetivo do novo clube era promover o futebol dentro do Velódromo, idéia que foi um sucesso nos primeiros 15 anos de história do clube.

Os primeiros jogos de futebol do CAP acontecem ainda num campo improvisado, demarcado a cal, estacas e barbante. Vem, então, a primeira reforma. Um campo de futebol é construído no centro da pista de ciclismo, e uma arquibancada de madeira é erguida, no início com capacidade para abrigar 2 mil pessoas.

O time da época, formado por Olavo de Barros, Renato Miranda, Jorge Miranda (Tutu), Jorge Mesquita, Oscar Rocha, João da Costa Marques, Thiers da Costa Marques, Clóvis Glycério, Ibanez de Moraes Salles, Renato B. Cerqueira e Edgard de Barros traja calções até os joelhos e blusa de mangas compridas, de abotoar, tudo branco. Na cintura, uma faixa vermelha, e na camisa, um emblema do clube. Enquanto o grito de guerra (o célebre "aleguá") leva os torcedores ao campo, as tardes de domingo no Velódromo tornam-se programa obrigatório para a sociedade paulistana.

O primeiro jogo oficial acontece em 3 de maio de 1902, entre o Paulistano e o São Paulo Athletic Club, ou SPAC, como era chamado o clube dos ingleses. O Paulistano perde, mas a derrota não impede que o time do Velódromo chegue à final do campeonato daquele ano, a Taça Casimiro da Costa, perdendo, porém, para o mesmo SPAC.

A revanche ainda demoraria três anos, mas marcaria o fim do reinado do São Paulo Athletic: em 1° de novembro de 1905, jogando no Velódromo pela Taça Álvares Penteado, o Paulistano vence o SPAC. Mas a alegria dura pouco. Com o fim do campeonato, Jorge Mesquita, o capitão do time, se desentende com a diretoria do Paulistano e deixa o Clube, atitude que é copiada por seus colegas. Os dissidentes filiam-se, então, à Associação Athletica das Palmeiras.

Em 1907 o Paulistano contrata John Hamilton para técnico, vindo da Europa, o inglês se tornou no primeiro treinador do futebol brasileiro.

Em 2 de setembro de 1910, acontece o primeiro jogo internacional no Velódromo, com a visita ilustre do time inglês Corinthian Football Club, que veio jogar no Brasil a convite do Fluminense. No jogo contra o Paulistano, o time da casa perde de goleada: 5 a 0.

A crise iniciada em 1905 vem se agravando no Paulistano e 10 anos depois, em 1915, dá-se o fim do Velodromo. Com poucos jogadores para contar história, o CAP sobrevive com apenas 30 sócios, mas dispostos a levantar o nome do Clube. Manoel Carlos Aranha, o capitão do time, mais conhecido por Carlito, inscreve o time no campeonato de 1916. Mesmo no improviso, o CAP vence o primeiro jogo contra o Santos, e depois se consagra campeão da Taça Jockey Club

.   A volta por cima vem com dinheiro emprestado, o CAP começa a construir sua nova sede no Jardim América, que é inaugurada em 29 de dezembro de 1917. O futebol ganha ainda mais força.

Depois de ganhar o Campeonato Paulista de 1917, conquista a Taça Jockey Club em definitivo. Em 1918, no ano da gripe espanhola, o CAP ganha o Campeonato de Futebol, e no ano seguinte, torna-se tetracampeão paulista - único Clube a ter esse título até hoje. Friedenreich (mais conhecido como El Tigre) e Rubens Salles são os grandes ídolos daquele time.

Nova sede social do Club Athletico Paulistano no Jardim América, em 1918.

Em 1919, o Paulistano também fica com o título de campeão estadual e, em 1920, conquista o Torneio Nacional de Clubes da CBD (Confederação Brasileira de Desportos), realizado no Rio de Janeiro com a participação dos campeões de três estados: Paulistano, de São Paulo, Brasil de Pelotas, do Rio Grande do Sul, e Fluminense, do Rio de Janeiro. Ainda em 1920, aplica a maior goleada da história do campeonato paulista até os dias atuais, vence a A.A. das Palmeiras por 12 a 0. Três anos mais tarde, depois de já ter ameaçado seu afastamento por várias vezes das competições, o CAP decide sair da Associação Paulista de Sports Athleticos (APSA). Retornaria em 1924, depois da renúncia da diretoria da APSA, e sairia definitivamente em 1925, para formar uma nova entidade, a Liga de Amadores de Futebol (LAF)

Apesar do caos fora do campo, 1925 entra para a história do CAP e do Brasil como um ano inesquecível para o futebol. É neste ano que o time embarca para a Europa para enfrentar selecionados e clubes locais - é a primeira passagem oficial do futebol brasileiro pela Europa -, uma viagem pioneira nas vitórias (apenas uma derrota) e nas organizações administrativas.

Prova disso é que a volta foi triunfal, com os jogadores sendo recebidos pelo presidente Artur Bernardes num banquete na sede do Fluminense, no Rio, e aclamado pelo povo nas ruas de São Paulo.

Enquanto a equipe retornava ao Brasil, a notícia sobre a vitoriosa excursão do time pela Europa correu o país. A importância da conquista foi tão grande que a delegação desembarcou primeiro no Rio de Janeiro, onde foi recebida com grande festa pelos cariocas e posteriormente pelo então Presidente da República, Arthur Bernardes, no Palácio do Catete.

Algum tempo depois, já regresso à capital paulista surge na Câmara Municipal a idéia de se erguer um monumento para eternizar o feito inédito de uma equipe brasileira no exterior, e este monumento seria o Banco Monumental.

O projeto do monumento não foi de qualquer pessoa. Foi criação do grande artista plástico e pesquisador paulista José Wasth Rodrigues, com a execução da obra por parte da fundição do escultor Roque de Mingo.

Projetada em 1925, ano da conquista célebre, o monumento só seria inaugurado dois anos depois, em 1927. Construído em alvenaria, granito e bronze, possui um espaldar alto e ornamentos em estilo neocolonial brasileiro. Ao centro, uma coluna com uma esfera armilar de bronze, símbolo português desde a época de Dom Manuel, o venturoso. Além disso, as quatro faces da coluna ostentam a Cruz de Cristo, símbolo nacional durante o período colonial, o escudo do Reino Unido de Brasil e Portugal e as armas do império e da república brasileira. A ideia de usar tais símbolos políticos no monumento foi para expressar o caráter diplomático da conquista do clube.

No espaldar, ao centro do banco, está uma grande placa de bronze que exalta a magnífica campanha do time em 1925:

Desde então o monumento está localizado diante da sede do Club Athletico Paulistano, na Praça Dionísio de Carvalho, simbolizando para todos os paulistanos o que foi a primeira grande conquista de um time de futebol no exterior.

Em novembro de 1926, o CAP vence o primeiro campeonato pela LAF. Repete a proeza em 1927, mas não consegue ganhar no ano seguinte.

O futebol vai tão bem, que a Revista do CAP, de junho de 1928, é dedicada ao nobre esporte, e os seguintes textos são escritos:

A secção de futebol do nosso Club não podia deixar de ser lembrada por "C. A. P.", nas homenagens que vem prestando em sua capa. Foi com o futebol, e pelo futebol, que o nosso querido Paulistano iniciou a sua vida. Esse esporte, aliás, foi o campo de lutas e de glorias em que o nosso Club colheu suas primeiras e grandes victorias, ganhando a força e a efficiencia que mais tarde fizeram delle o modelo e o colosso que é. Não levando em conta tudo isso, resta ainda

Capa da Revista. de 28.06.1928

52

*recordar que no futebol surgiram grandes campeões, feitos no Paulistano, e, é para prestar uma homenagem a esses — significativa da gratidão e da estima dos "paulistanos" — que "C. A. P ." apresenta em sua capa uma figura symbolica do "Association ". Não seria possivel, e nem é necessário, citar nesta modesta pagina o nome de todos esses valentes defensores que o Paulistano teve, e ainda tem no futebol, engrandecendo-lhe o patrimônio de glorias e tradições. Basta que a capa de *'C. A.P ." lembre o "futebol do Paulistano " para que atravesse a memória de todos a lembrança do passado do nosso "alvirubro ", em que resplandecem os nomes de innumeros veteranos e campeões que foram e serão verdadeiras glorias, não só do nosso Club, como de S. Paulo e do Brasil.*

Mas fora do campo, as coisas não vão muito bem. Em 1930, os clubes da Liga reúnem-se para discutir a dissolução da LAF. Para o Paulistano, não há o que discutir, não há mais o que fazer para tentar moralizar o esporte em São Paulo. O Clube quer manter sua tradição amadorística, mas o profissionalismo caminha a passos largos.

A CBD, por exemplo, não reconhece a existência legal da Liga, o que impede que o Paulistano dispute jogos com clubes de outros estados e de outros países. O CAP anuncia, então, sua decisão: "Futebol, no Paulistano, é capítulo encerrado. Os jogadores poderão inscrever-se em outros times, continuando como sócios do Clube".

Os números do Paulistano no futebol são tão impressionantes que estabeleceu feitos que até hoje não foram ultrapassados. Mesmo tendo passado quase 90 anos que o clube deixou o futebol, por discordar da profissionalização, até hoje é a quinta equipe que mais conquistou títulos estaduais atrás apenas de Corinthians, Palmeiras, São Paulo e Santos. Também é até hoje a única equipe paulista a conseguir o feito de ser tetra-campeã nos anos de 1916, 1917, 1918 e 1919.

Mesmo fora das competições oficiais do futebol, o esporte, no entanto, continua vivo no Clube por meio de seus campeonatos internos e interclubes, envolvendo várias categorias, desde fraldinha até veteranos.

PRINCIPAIS TITULOS:
Torneio Nacional de Clubes da CBD (atual CBF) em 1920.
Campeonato Paulista em 1905, 1908, 1913, 1916, 1917, 1918, 1919, 1921, 1926, 1927 e 1929.
Copa Competência em 1918, 1919 e 1921.
Campeonato Paulista de Segundo Quadros de 1914.
Torneio Início do Paulista em 1924, 1926 (LAF) e 1928 (LAF).

Fontes:
    C.A. Paulistano < http://www.paulistano.org.br >.
    Campeões do Futebol < http://www.campeoesdofutebol.com.br/titulos_paulistano.html >.
    Revista do Paulistano. Ano II. JUN 1928 e DEZ 1928.

***

PERY FOOT BALL CLUB
Fundação: 1902
Cidade: Rio Claro

O primeiro clube exclusivo para a prática de futebol fundado na cidade de Rio Claro. Segundo consta, um grupo de rapazes da cidade, estimulado pelo interesse que o futebol vinha despertando em São Paulo, onde os primeiros clubes foram aparecendo com o apoio da imprensa paulistana, resolveu formar em Rio Claro um centro desse "novo" esporte. Estes jovens escolheram um terreno ao lado da extinta fábrica de tecidos, aonde poderiam praticar o futebol.

Faziam parte do Pery os seguintes distintos cidadãos da sociedade rio-clarense: Celso de Lima, Amandio Cabral, Chico Minervino, Mauro Malheiro, Antonio Krettlis, João Sette-Goiaba, Irineu Penteado, Anchises de Lima (presidente da associação), Enjolras Vampré, Alfredo Jacob, Rithman, Hugo Negreiros (pessoa que trouxe a bola de São Paulo) entre outros.

O Pery F. B. Club deixou de existir antes da década de 10. O motivo até hoje ninguém sabe. Provavelmente o Pery não jogava muito, em virtude de faltar outros clubes de futebol na cidade e de este não ter condições para viajar e jogar com clubes de outras cidades.

Fontes:
    TONINI, Marcel Diego. Monografia Ferrovia e futebol: o caso da Companhia Paulista de Estradas de Ferro na cidade de Rio Claro, 1870-1930. DEZ 2006.
    FERRAZ, José Romeu. História de Rio Claro: a sua vida, os seus costumes e os seus homens. São Paulo: Hennies Irmãos, 1922.
    CAMPOS, Maria Teresa de Arruda. SOTERO, José Roberto. Futebol Amador e Varzeano em Rio Claro. Panda Pix. 1ª Edição. 2004.

* * *

CLUB ATHLETICO YPIRANGA
Fundação: 1902
Cidade: São Paulo

Realisou-se hontem um match de football entre o Club Athletico Ypiranga e o Sport Club São Paulo:

O Club Athletico Ypiranga, que fez hontem sua estréa, alcançou a victoria de 1 goal a 0.

O match correu muito animado, apesar do mau tempo que reinou.

O Commercio de São Paulo, 28 SET 1902.

* * *

GREMIO RECREATIVO 2 DE MARÇO
Fundação: 2 de Março de 1902
Cidade: São Paulo

Com o titulo acima fundou-se em 2 do corrente, no districto de Santa Cecília, uma sociedade recreativa.

A sua primeira directoria ficou assim composta:

Presidente, Joaquim de Souza Barros;

Vice-presidente, Joaquim Gomes da Silva;

1º secretario, João dos Reais P. da Rocha;

2º dito, Joaquim F. Rocha;

1º thesoureiro, Joaquim Miranda;

2º dito, Manoel Pacheco Torres;

Procurador, José de Mello Affonso.

O Commercio de São Paulo, 19 MAR 1902.

***

SPORT CLUB SÃO PAULO
Fundação: Junho de 1902
Cidade: São Paulo

Com o título acima, um grupo de rapazes de nossa capital, fundou uma sociedade com o fim de desenvolver o tão útil jogo de foot-ball e outros exercícios physicos.

A sé de provisória é á rua General Osorio, 73, e a directoria ficou assim composta:

Presidente, João Bueno de Camargo,

Secretario, Dioscoro Carneiro Arco e Fieza;

Thesoureiro, João Bueno de Camargo.

O Commercio de São Paulo, 07 JUN 1902.

***

GYMNASIA A.C.
Fundação: Junho ou Julho de 1902
Cidade: Campinas

No exemplar do dia 15 de junho de 1902, do jomal Cidade de Campinas, há uma nota sobre futebol, um dos primeiros registros sobre esse esporte na cidade. No dia 17 de junho do mesmo ano aparece uma outra nota sobre o futebol, falando sobre a preparação do primeiro campo de futebol da cidade, citando o time do Gymnasia, forrnado por alunos do antigo colegio Culto a Ciencia, referindo-se a ele como sendo o "primeiro time de futebol da cidade". Tambem nessa nota fala-se sobre um jogo na capital São Paulo com a participação do Gymnasia. Na pagina 2 do jornal Cidade de Campinas do dia 5 de julho de 1902, ha uma nota citando a fundação do primeiro time de futebol da cidade, o Gymnasia. No dois dias seguintes, outras notas trazem noticias referentes a "instalação definitiva do primeiro time de futebol de Campinas".

No dia 22 de julho de 1902, sai uma noticia anunciando o jogo com os dois primeiros times da cidade, referindo-se ao embate como sendo o "batismo do futebol em Campinas". E dois dias depois, o jornal traz uma nota citando um telegrama enviado pelo então poderoso C.A Paulistano da capital Sao Paulo, parabenizando os times que realizaram o "primeiro jogo de futebol em Campinas" entre Gymnasia e Sport C. Campineiro, citado como o segundo time fundado na cidade.

Fontes:
    Jornal Cidade de Campinas, 15 e 17 JUN 1902; 5, 6, 7 e 22 JUL 1902.
    Zago, Vitorio Luis Oliveira - Futebol em Campinas: a história e evolução do Dérbi Campineiro na sociedade e imprensa de Campinas, 2002.

***

SPORT C. CAMPINEIRO
Fundação: Julho de 1902
Cidade: Campinas

Citado como o segundo clube da cidade pelo jornal Cidade de Campinas de 22 de julho de 1902. Na semana seguinte, o mesmo periódico cita o convite do C.A. Paulistano de São Paulo ao clube para uma partida de futebol. Em agosto do mesmo ano, no dia 4, o mesmo jornal publica uma nota falando do jogo entre o Sport C. Campineiro e C.A. Paulistano. Nessa nota, além de se referir ao jogo como "o batismo do futebol campineiro", tambem traz explicações de terrnos e regras do "novo" esporte. No dia seguinte, outra nota sobre futebol fala de uma visita do C.A. Paulistano aos "dois primeiros times da cidade", o Gymnasia e o Sport C. Campineiro.

Fontes:
    Cidade de Campinas, 27 JUL 1902; e 4 e 5 AGO 1902.
    Zago, Vitorio Luis Oliveira - Futebol em Campinas: a história e evolução do Dérbi Campineiro na sociedade e imprensa de Campinas, 2002.

SPORT CLUB AMERICA

Fundação: Julho de 1902
Cidade: São Paulo

FOOT-BALL

Temos a dar aos amadores desse Sport mais uma grata noticia: a da fundação do Sport Club America, composto de um núcleo de distinctos rapazes, sob a presidência do Sr. Luiz Rodolpho Miranda. Mais do espaço nos occuparemos da promissora associação.

O Commercio de São Paulo, 19 JUL 1902.

***

THE BRASILIAN FOOT-BALL CLUB

Fundação: Julho de 1902
Cidade: São Paulo

Fundou-se nesta capital uma sociedade sportiva, sob a denominação de The Brasilian Foot-Ball Club, cuja primeira directoria é a seguinte:

Presidente, dr. Castorias Guimarães, secretario, Alberto Souza, e thesoureiro, Guilherme de Resende.

O Commercio de São Paulo, 28 JUL 1902.

***

SPORT CLUB PROGRESSO

Fundação: Agosto de 1902
Cidade: São Paulo

Tem tomado grande incremento o Sport nesta capital. No dia 31 do corrente mez, mais um club sportivo se inaugura. Será denominado Sport Club Progresso e terá seu campo de exercícios na Vargem do Carmo.

A directoria desta nova associação está assim constituída: Presidente, Oscar Guimarães; vice-presidente, José Maraglioso Junior; thesoureiro, Alfredo Poci; secretario, Ariosto de Moraes.

O Commercio de São Paulo, 24 AGO 1902.

***

58

SPORT CLUB SUL AMERICANO
Fundação: Agosto de 1902
Cidade: São Paulo

Com a denominação supra, fundou-se nesta capital mais uma sociedade sportiva.

A directoria ficou composta dos srs. Jayme Coelho, presidente, Gaspar Erbella, 1º secretario, G. Oliva, 2º dito, Gastão Ayres, thesoureiro, e R. Oliva, procurador.

O Commercio de São Paulo, 30 AGO 1902.

***

CLUB ATHLETICO GUARANY
Fundação: Setembro de 1902
Cidade: São Paulo

Com este titulo fundou-se hontem nesta capital uma nova sociedade sportiva, ficando assim constituída a sua directoria: presidente, Luciano Fillella; vice-presidente, Gastão Arruda; thesoureiro, Luiz Carlos; 1º secretario, Vicente Bont, 2º secretario, Armando de Campos.

O Commercio de São Paulo, 09 SET 1902.

***

EDEN CLUB ATHLETICO
Fundação: Setembro de 1902
Cidade: São Paulo

Fundou-se nesta capital mais uma sociedade esportiva, que tem por fim desenvolver o apreciado gênero de Sport o foot-ball. Ficou denominada Eden Club Athletico e a sua directoria está assim constituída: presidente, João Jardim; secretario, A. Lima; thesoureiro, João Lima, e fiscal Arnaldo Pereira.

O primeiro match será jogado no próximo domingo e nelle tomarão parte este Club e o Sport Club America.

O Commercio de São Paulo, 22 SET 1902.

***

59

SPORT CLUB INTERNACIONAL

Fundação: Setembro de 1902
Cidade: São Paulo

Os alumnos do 2º anno da Escola Complementar "Caetano de Campos" fundaram uma sociedade sportiva intitulada Sport Club Internacional, ficando a sua primeira directoria assim constituída:

Presidente, Eusébio Marcondes; secretario, Guido de Resende e thesoureiro, Marcos Barroso.

O Commercio de São Paulo, 25 SET 1902.

***

CLUB SPORTIVO DA AVENIDA

Fundação: 28 de Setembro de 1902
Cidade: São Paulo

Com o titulo acima fundou-se nesta capital mais uma sociedade sportiva, que entre outros jogos, cultivará o foot-ball.

Em reunião hontem realisada, ficou deliberado preceder-se á eleição de uma directoria provisória para presidir áquella reunião.

Acceita a indicação, ficou constituída a seguinte directoria: Presidente, Epaminondas da Silva Guerra; secretario, Julio da Costa Viveiros, e thesoureiro, Juvenal Augusto Brotéro.

No próximo domingo, realisar-se-á outra sessão, na qual serão assentadas as bases da sociedade.

O Commercio de São Paulo, 29 SET 1902.

***

SPORT CLUB HYGIENOPOLIS

Fundação: Setembro ou Outubro de 1902
Cidade: São Paulo

Mais uma sociedade de foot-ball acaba de fundar-se nesta capital. Ficou denominada Sport Club Hygienopolis, e a sua directoria provisoria ficou constituída com os srs.:

60

Hermann Borchard, presidente. Otto Backeuser, vice-presidente. Orlando Góes, secretario. Manoel T. Gomes, thesoureiro, e Alberto Azevedo, captain.

O Commercio de São Paulo, 02 OUT 1902

* * *

CLUB SETE DE SETEMBRO
Fundação: Outubro de 1902
Cidade: São Paulo

Com o titulo acima, fundou-se nesta capital mais um club de foot-ball, ficando a sua directoria assim composta: presidente, Edgard Carmillo; 1º secretario, Getulio Monteiro; thesoureiro, Vicente de Azevedo; fiscal, Francisco de Paula.

O Commercio de São Paulo, 05 OUT 1902

* * *

ASSOCIAÇÃO SPORTIVA DA ESCOLA POLYTECHNICA
Fundação: 8 de Outubro de 1902
Cidade: São Paulo

Com esta denominação, fundou-se nesta capital mais uma sociedade sportiva, de que fazem parte unicamente alumnos da Escola Polytechnica.

Estes, em numero de 82, reuniram-se hontem no edifício da mesma Escola e trataram dos fundamentos da nova sociedade.

Foi aclamado director honorário o dr. Paula Souza, director da Escola, e em seguida foi constituída a seguinte directoria:

Presidente – Alvaro Rocha.

Vice-presidente – Christovam Fonseca.

1º secretario – Adriano Gustavo Goulin.

2º secretario – Mario Cunha.

1º thesoureiro – Mario de Salles Souto.

2º thesoureiro – Rodrigo Gonçalves da Silva.

O Commercio de São Paulo, 09 OUT 1902.

* * *

VARIEDADES SPORT-CLUB

Fundação: Outubro de 1902
Cidade: São Paulo

É este o novo titulo que recebeu a sociedade há dias fundada por distinctos moços da nossa sociedade e cujo fim é proporcionar aos seus associados diversos gêneros de diversão, como sejam: regatas, jogos athleticos, excursões, esgrima, gymnastica etc.

No próximo domingo deve realisar-se uma sessão em que serão discutidos os estatutos desta sociedade.

O Commercio de São Paulo, 14 OUT 1902.

* * *

SPORT CLUB CAMPOS ELYSIOS

Fundação: Outubro de 1902
Cidade: São Paulo

Fundou-se nesta capital uma nova sociedade sportiva com o titulo acima, a qual tem por directoria os srs.: Alberto Augusto Salles, presidente; Pedro de Oliveira, vice-presidente; Oliverio Lacerda, 1º secretario; Guilherme Butter, 2º secretario; Duarte Carneiro Junior, thesoureiro; Antonio Fagundes, 1º fiscal; Arlindo de Oliveira, 2º fiscal, e Arthur Gonzaga, captain.

O Commercio de São Paulo, 14 OUT 1902.

* * *

GUYANAZES FOOT-BALL CLUB

Fundação: Outubro de 1902
Cidade: São Paulo

Com este titulo fundou-se nesta capital uma sociedade sportiva, cujo fim é proporcionar aos seus associados o interessante jogo de foot-ball.

A directoria da nova associação ficou assim organisada:
Presidente, Camilo de Sousa.
1º secretario, Eduardo Garcia.
2º secretario, Antonio Garcia.

Thesoureiro, Silvério dos Santos.

Captain, Pedro de Souza e Silva.

O Commercio de São Paulo, 14 OUT 1902.

* * *

SPORT CLUB UNIÃO PAULISTA

Fundação: 17 de Outubro de 1902

Cidade: São Paulo

Foi esta a denominação que recebeu uma nova sociedade sportiva que se fundou nesta capital.

A sua primeira directoria ficou assim constituída:

Presidente, Augusto Galvão; vice-presidente, Jorge Caldas; 1º secretario, Antonio Carvalho; 2º secretario, Octavio Galvão; thesoureiro, Armando Bellegard; captain, Juvenal de Carvalho.

O ground da nova sociedade ficou deliberado ser na avenida Hygienopolis.

As cores que servem de distinctivo são: branca e vermelha.

O Commercio de São Paulo, 18 OUT 1902.

* * *

CLUB ATHLETICO PIRATININGA

Fundação: Outubro de 1902

Cidade: São Paulo

A fundação do clube foi noticiada da seguinte forma:

"MOVIMENTO ASSOCIATIVO"

Club Athletico Piratininga

Sob esta epigraphe, fundou-se nesta capital mais uma sociedade, destinada aos exercícios de foot-ball.

A sua primeira diretoria ficou assim constituída:

Srs. José Ramos, presidente; Saul Silva, secretario;

Antonio Casonha, thesoureiro e Nicolau Alayon, captain.

O Estado de São Paulo, 27 OUT 1902.

* * *

SPORT-CLUB HUMAYTÁ

Fundação: 1º de Novembro de 1902
Cidade: São Paulo

É esta a denominação de uma nova sociedade que se fundou a 1º deste mês, e que cultivará diversos jogos, entre os quaes o foot-ball.

O ground desta sociedade será na rua Humaytá.

A primeira directoria ficou assim constituída:
Presidente, Reynaldo dos Santos.
Vice-presidente, Euclydes dos Santos.
Secretario, Acacio Nogueira.
Thesoureiro, Alcides Guimarães.
Capitain, Tayllor Salles.

O Commercio de São Paulo, 04 Nov 1902.

* * *

CLUB ATHLETIC INTERNATIONAL
(CLUBE ATHLETICO INTERNACIONAL)

Fundação: 7 de Novembro de 1902
Obs.: O Guia de Foot-ball, da Liga Paulista (1906), dá como data de fundação o dia 27 de outubro de 1902.
Endereço em 1906: Avenida Anna Costa, nº. 6 A
Cidade: Santos

Em 1º de novembro de 1902, às 08h25min da manhã, na praia da Barra, hoje Boqueirão, defronte ao Miramar, houve o primeiro treino de futebol em Santos. E a 7 de novembro um grupo de rapazes sob comando de Henrique Porchat de Assis (Dick), o pai do futebol em Santos, era fundado o Club Athletic International (assim mesmo em inglês) no Teatro de Variedades, à Praça dos Andradas, esquina da Rua 15 de Novembro, e dirigido por uma junta provisória formada pelos srs. João Mourão, André Peixoto Müller e Quintino Ratto até 1º de janeiro de 1903, quando tomou posse a primeira diretoria, assim constituída: Gustavo Goetze, presidente; Joaquim Montenegro, vice-presidente; Ernesto Rozo, secretario; João Mourão, tesoureiro; André Peixoto Müller, diretor; G. Pool e W. K. Marsland, captains dos 1º e 2º teams; e Cícero Lima Júnior, referee oficial do clube.

Após quatro meses de intensivos treinos, a rapaziada do International estava ansiosa por colocar em prática o longo aprendizado e decidiu contratar seu primeiro jogo, tendo como adversário o C. A. Ypiranga, de São Paulo, em 15 de março de 1903, ás 14 horas, na praia da Barra, com vitória do International por 2 a 1. Os gols da partida aconteceram todos no segundo tempo, e na seguinte ordem: Th. Joyce, Marsland, e Mesquita. Atuou na arbitragem o Sr. Cícero Lima Junior, e a formação das equipes foi a seguinte:

C.A. International: J. Thompson, Walter Scrinditch, A. Trail, André Miler, Th. Joyce, E. Cox, G. Gool, Charles Murray, W. Marsland, Lloid e Harold Cross.

C.A. Ypiranga: Armando Pedreira, Geraldo Toledo, Walter Jeffrey, dr. Armando Prado, Augusto Guerra, Mário Prado, Synésio Braga, Aristides de Castro, Jorge Mesquita, Álvaro Nogueira e Joaquim Prado.

O primeiro tempo, apesar do empenho dos quadros, terminou sem gols. No segundo tempo, o placar foi movimentado três vezes; Pool e Joyce vêm trocando bola desde a sua intermediária até a pequena área adversária, onde Joyce arremessa a bola ao goal, vencendo o keeper ipiranguista - estava assinalado o primeiro tento do futebol santista.

Momentos depois, o extrema Pool, mesmo derrubado pelos zagueiros, consegue magistral passe a W. Marsland, que atira para a rebatida infeliz do guarda-vala Armando, e o mesmo Marsland, apanhando o rebote, o devolve às redes sem apelação. Segundo tento santista. A assistência prorrompe em aplausos. Quase ao final do partido (como então se dizia), o centro-avante paulistano Mesquita atira bola indefensável ao goal de Thompson, consolidando o escore de 2 a 1. Findo o jogo, a diretoria do C. A. International ofereceu aos dois teams um "copo d'água" no Miramar, para onde se dirigiram acompanhados por grande assistência que vivava entusiasticamente os sportmen.

Comentando o acontecimento, na edição de terça-feira, o Diário de Santos (fundado em 1872) - que desde os primeiros ensaios se fez paladino do novo esporte - focaliza a disputa ardorosa de ambos os lados e, sem desfazer dos demais, destaca os jogadores Mesquita, Jeffrey, Geraldo, Armando e Guerra do Ipiranga; Pool, Joyce, Marsland, Trail, Murray, Cox, Walter e Thompson do Internacional. E termina a longa reportagem desportiva felicitando ambos os clubes "*pela belíssima festa de domingo, iniciando com ela mais um passo para o progresso desta laboriosa cidade, cuja população, pelo que se viu, não permanecerá indiferente ao futebol*".

O International foi o primeiro clube para a prática de futebol a ser fundado em Santos que, contando com dirigentes de representação social e comercial, tornou-se num curto período, a "great attraction" da juventude daquele tempo.

Seus fundadores foram Henrique Porchat de Assis, André Müller, Jonas da Costa Soares, Raul Schmidt, Eduardo Machado, Quintino Ratto, Haroldo Cross, Gil de Souza Ruiz, Francisco Martins dos Santos, Theodoro Joice, Theodorico de Almeida, Luiz Nery de Souza Jr., João Mourão, Dráusio Nogueira, Roberto Muller, Walter Grimsditch, Vitor Cross, Cícero de Lima, Francisco Salgado Cesar Luiz Erneck, Manuel Barauna Nery, Lucas Fortunato, Leão Peixoto de Mello, A. Werneck e Agenor Cunha Machado.

O Guia de Footbal, de abril de 1906, dá como data de fundação do clube o dia 27 de outubro de 1902. Este mesmo Guia informa as cores do clube como sendo azul e vermelho "*dispostas no meio da seguinte maneira: camisa em listas verticaes e calção azul e na bandeira, em metade de cada cor tendo no centro o monograma do club em amarello*". É citado ainda as medidas do campo: "*Medindo 100 metros de frente por 250 de fundo e com acommodações para os sports de footbal, cricket, lawn-tennis e cyclismo*".

O Internacional foi o primeiro representante de Santos na Liga Paulista de Foot-Ball, junto com o Americano que depois mudou sua sede de Santos para São Paulo. Em 1907 participou do campeonato paulista estreando em 13 de maio contra o São Paulo Athletic, vencendo-o por 1 a 0. Ao final do campeonato o clube realizou nove partidas, com apenas uma vitória, dois empates e seis derrotas, terminando na última colocação com quatro pontos. Em 1908 fêz sua última participação na Liga, e mais uma vez foi o último colocado.

Os resultados do time foram os seguintes:

1907
13/05- 1 x 0 São Paulo Athletic Club, em Santos
19/05- 0 x 3 Germânia, em São Paulo
09/06- 1 x 1 Americano, em Santos
23/06- 1 x 2 Internacional de SP, em São Paulo
07/07- 1 x 1 Paulistano, em São Paulo
04/08- 1 x 5 Germânia, em Santos
18/08- 2 x 4 Americano, em Santos
01/09- 0 x 3 Internacional de SP, em Santos
22/09- 0 x 3 Paulistano, em Santos

Obs. A partida que seria jogada contra o São Paulo Athletic não foi realizada.

1908
13/05- 0 x 1 São Paulo Athletic, em São Paulo
24/05- 0 x 1 Paulistano, em São Paulo
14/06- 0 x 4 Ameicano
12/07- 0 x 5 Internacional de SP, em Santos
19/07- 0 x 2 Germânia, em São Paulo
18/10- 0 x 1 Germânia, em Santos

Obs. A equipe deixou de disputar quatro partidas: 02/08, contra o Paulistano, em Santos; 15/08, contra o São Paulo Athletic, em Santos; 20/09, contra o Internacional de SP, em São Paulo; e 12/10, contra o Americano, em Santos. Os pontos foram dados aos adversários.

Em março de 1908 houve uma tentativa de fusão com o seu rival, o Sport Club Americano, fundado da dissidência do próprio Internacional, mas sem sucesso, por recusa dos sócios deste último. Sua extinção ocorreu em 1910.

Fontes:
    Rodrigues, Olavo - Almanaque da Baixada Santista 1973.
    O Diário de Santos, 17 MAR 1903.
    O Commercio de São Paulo, 31 MAR 1908.
    Guia de Football. 4ª Edição. São Paulo. Ano 1906
    A Tribuna de Santos, 01 NOV 1952.

* * *

ASSOCIAÇÃO ATHLETICA DAS PALMEIRAS
Fundação: 9 de Novembro de 1902
Cidade: São Paulo

A HISTÓRIA CONHECIDA
Fundada por jovens moradores do bairro de Santa Cecília, região das atuais ruas das Palmeiras, Baronesa de Itu e Martim Francisco. No meio destas ruas havia um amplo terreno coberto por vegetação, que pouco tempo depois se tornou no local onde estes jovens se encontravam para jogar futebol. A consagração do clube se deu quando este participou da Liga Paulista de Footbal em 1904, juntamente com o Germania, Paulistano, Mackenzie e Internacional, todos da capital paulista.

A Associação Athletica das Palmeiras possuía identificação econômica e cultural com o Club Athletico Paulistano e com o Clube de Regatas São Paulo, fato que motivou o presidente deste último, Alberto Menezes Borba (que foi o Presidente da A.A. das Palmeiras em 1906), a oferecer à Associação uma parte do terreno localizado na Chácara da Floresta, da qual era proprietário, juntamente com Frederico Steidel, ao lado das instalações do Clube de Regatas São Paulo. Depois de estabelecer-se na Chácara Floresta em 1904, passou por um período de grande desenvolvimento.

Em 1906 o clube se encontrava descrito no Guia de Foot-ball conforme abaixo:

A Associação Athletica das Palmeiras não obstante ter ficado em ultimo logar nas provas do campeonato do anno passado continua filiado á Liga visto como foi vencedora do match que disputou com o Club Athletico Internacional de Santos que pretendeu substituil-a entre os clubs de primeira categoria.

DIRECTORIA
Presidente: Alberto de Menezes Borba, R. de S. Bento, 27.
Vice-Presidente: Dr. Sylvio Maia, Avenida Tiradentes, 17.
1º Secretario: Dr. Luiz Silveira (Redacção do "São Paulo")
2º Secretario: Jorge Collet e Silva, R. D. Veridiano,30.
Thesoureiro: João Carneiro Monteiro, R. Duque de Caxias, 34.
Director Sportivo: Jorge Mesquita.
Campo – O campo de jogo do Palmeiras, com todas as dimensões exigidas e perfeitamente grammado, fica situado na aprazível chácara da Floresta. O transporte é feito pelos bondes da Ponte-Grande.
Cores – As cores são: branca e preta, sendo calção branco e camisa preta e branca.
Bandeira – A bandeira é branca tendo uma lista preta em diagonal com as iniciaes A. A. P.
Sede – A séde da Associação é na chácara da Floresta (Ponte Grande). Além do sport foot-ball, proporciona outros divertimentos aos seus associados taes como gymnastica, tennis, remo, boliche, tiro ao alvo, basketball (para senhoritas) etc, etc.
Telephone n. 803.
Correspondência – Para a Redacção do "São Paulo".

O clube esteve à frente das principais cisões que ocorreram no futebol paulista. Em 1912, por exemplo, participou do movimento que fundou a APSA (Associação Paulista de Sports Athleticos) e em 1925 participou da fundação da LAF (Liga de Amadores de Futebol), ambas em parceria com o Club Athletico Paulistano.

Em 1916 a Associação Athletica das Palmeiras ajudou o recém-fundado Palestra Itália (atual Sociedade Esportiva Palmeiras) a ganhar uma vaga para disputar o Campeonato Paulista pela primeira vez. Esse fato seria lembrado em 1942, quando o Palestra Itália foi obrigado a mudar de nome em função da Segunda Guerra Mundial, e passou a se chamar Sociedade Esportiva Palmeiras, em homenagem à A..A. das Palmeiras.

No dia 16 de maio de 1920 sofreu a maior goleada da história do Paulistão: Paulistano 12 x 0 AA das Palmeiras.

A Associação Athletica das Palmeiras foi campeã paulista em 1909, 1910 e 1915, e do Torneio Início em 1922, 1923 e 1925, participando do futebol paulista até 1929, quando ao final do campeonato daquele ano, unindo-se a alguns ex-jogadores do C.A. Paulistano, já em 1930, deu origem ao São Paulo F.C. da Floresta.

A HISTÓRIA DESCONHECIDA DA AA DAS PALMEIRAS
Artigo publicada no Correio Paulistano, em 10 de abril de 1904

SUA ORIGEM : SEUS FUNDADORES

- Durante muitos annos, reuniam-se num pequeno grammado, em que se acha hoje o ground das Palmeiras, alguns meninos das casas adjacentes e ahi se divertiam shootando bolas em direcções indeterminadas, porflando cada qual em conquistar a primazia na precisão dos kicks na fúria das investidas e na perícia dos passes e enganos.

Havia uma certa ordem e disciplina nesse jogo attrahente da criançada: transparecia mesmo a preocupação de não se infringir as suas leis exigentes.

Com que ímpetos de revolta não gritavam um off-side !

Si houvesse um foul-play, que gritaria ! Que horror, sir Friese !

Bastava, porém, apenas, para acalmar essas momentâneas incandescências, a energia ou o prestigio dos referees.

Vestiam-se de preto e branco e taes eram as cores symbolicas dessa agremiação infantil.

Como membros proeminentes desse sport club – Black and White – citem-se os irmãos Lefévre, Corbett, Collet e Silus, fato é, quase todos os actuaes foot-ballers do primeiro team da A.A. das Palmeiras.

Era tão interessante o divertimento da meninada e havia tanta cohesão entre os sócios do Black and White, que os seus matchs, á tarde e aos domingos, despertaram regular concorrência de curiosos.

Desejando aproveitar a iniciativa da pequenada, seus amigos e admiradores promoveram uma subscripção e com o consentimento prévio da exma. Sra. proprietária do terreno, fizeram o nivelamento e a accomodação do local: eia como se adquiriu esse bello campo, batido pelos ventos e numa situação mais que favorável aos fins que o crearam.

Contando já, então, muito boas dedicações, esse grêmio de crianças transfigurou-se numa associação de adultos.

Aos nove dias do mez de novembro de mil novecentos e dois, reunidos os sócios fundadores, cujos nomes se acham nas primeiras paginas do Livro de Presença, na casa numero 27 da rua Brigadeiro Tobias, sob a presidência, por aclamação, do dr. José Pinto e Silva, que chamou para secretários os srs. Gelasio Pimenta e Adolpho Lefévre – deu-se a primeira assembléa geral da Associação Athletica das Palmeiras, convocada para a discussão dos Estatutos e instalação da sociedade.

Approvados os estatutos e regeitadas as denominações de Palmeiras Athletic Cub e de Club Athletico das Palmeiras, depois da escolha definitiva do nome com que hoje se conhece a sociedade, foram sulfragados, pelo consenso quase unanime da assembléa, para membros da primeira directoria, cujo mandato terminou a quinze de novembro de 1903, os srs. Francisco de Salles Collet e Silva, João Carneiro Monteiro, Gelasio Pimenta, Percy Corbett e José Gonçalves de Barros, respectivamente presidente, vice-presidente, 1º. secretario, 2º secretario e thesoureiro.

Começou, então, a existir, regularmente organizada, fugindo em cada sócio a alma arrebatada em esperanças,

71

uma nova agremiação sportiva; e, para manter uma intima ligação histórica com o Sport-Club – black and White – que lhe serviu de berço, foram adoptadas para o uniforme dos associados, ao se apresentarem em jogo público, as cores preta e branca, conforme decidiu a directoria em sua primeira sessão.

Muitos foram os benefícios prestados por esses cidadãos ao club recém-creado, muitos foram os sócios generosos que lhe dispensaram apoio material, em sua phase inicial.

Sendo hoje dirigida por uma nova directoria e por um inspetor de jogos criterioso – tendo dois captains de excepcional merecimento, pela Constancia nos exercícios, irrevogabilidade nas decisões e, sobretudo, pela exemplar educação que lhes prodigalisou o berço – muitos progressos poderá ainda fazer nos exercícios physicos.

Uma outra nota sobre a criação do clube foi encontrada no Jornal do Commercio, de 11 de novembro de 1902, descrito assim:

PALMEIRAS ATHLETIC CLUB

Em assembléa geral convocada para a discussão dos estatutos, eleição da directoria e installação da sociedade, ficou deliberado tomar a nova denominação de Associação Athletica da Palmeiras.

Precedeu-e, em seguida, a eleição da directoria para o proximo anno, ficando assim contituida:

Presidente, T. Salles Collet.

Vice-presidente, P. Correia.

1º secretario, Gelasio Pimenta.

2º secretario, Percy Corbett.

Thesoureiro, José Gonçalve Barros.

Ficou designado para captain o sr. Mario Mendes.

Fontes:
Jornal do Commercio, 11 Nov 1902 e 29 FEV 1925.
Correio Paulistano, 10 ABR 1904.
Guia de Football. 4ª Edição. São Paulo. Ano 1906.

* * *

EDEN-CLUB BRASIL

Fundação: Novembro de 1902

Cidade: São Paulo

Com o nome de Eden-Club Brasil, fundou se nesta capital mais um club para o desenvolvimento do foot-ball.

A sua directoria ficou assim composta: presidente, Benedicto Marcondes, secretario, Octavio Egydio, thesoureiro, Ernesto Marine, procurador e fiscal, Eduardo Romeiro.

Captain, Algirio Veridiano.

O Commercio de São Paulo, 11 NOV 1902.

No mês seguinte à sua fundação, o Commercio publicou a seguinte nota:

A nova directoria desta associação ficou assim organisada:

Presidente, Octavio Egydio; thesoureiro, Benedicto Marcondes; secretario, Antonio Coelho Ferreira; procurador, Juvenal Masseran; captain, Merio Egydio.

O Commercio de São Paulo, 21 DEZ 1902.

* * *

CLUB ATHLETICO PACAEMBÚ

Fundação: Novembro de 1902

Cidade: São Paulo

Com a denominação acima, acaba de fundar-se mais uma associação de sports athleticos, referindo-se especialmente ao foot-ball.

A nova sociedade dispõe de magnífico ground situado em Hygienopolis e brevemente conta desafiar para diversos matches as suas congêneres, tencionando inscrever-se entre as que pretendem disputar o campeonato de 1903.

Compõe-se a sua directoria dos seguintes srs.: presidente, Carlos Miguela Leland; secretario, William Ludey; thesoureiro, Charles John Junior, sendo captain dos três teams já organisados os srs. Frederico Luiz, João Nogueira Oran e Getulio de Paiva.

O uniforme do novo club é camisa azul com monogramma vermelho e calça branca.

O Commercio de São Paulo, 11 NOV 1902.

SPORT-CLUB 15 DE NOVEMBRO

Fundação: 15 de Novembro de 1902
Cidade: São Paulo

Com esta denominação, acaba de fundar-se nesta capital mais uma sociedade sportiva, cujo fim é proporcionar aos seus associados o jogo do foot-ball.

A primeira directoria ficou assim constituída.

Presidente, Ítalo Ponzine.

Secretario, Waldomiro Aguiar.

Thesoureiro, Matheus Chaves.

Procurador, Umberto Ponzine.

Captain, Christiano das Neves.

O Commercio de São Paulo, 22 NOV 1902.

***

SPORT CLUB PAULISTA

Fundação: Novembro de 1902
Cidade: São Paulo

Com a denominação de Sport Club Paulista, fundou-se nesta capital mais um club de foot-ball.

A primeira directoria da nova sociedade está assim organizada:

Presidente, Galdino Pereira; vice-presidente, Dario Cursino; secretario, Geraldo Correia Dias; thesoureiro, Amadeu Vallim; fiscal, Ignácio Martins.

O Commercio de São Paulo, 17 NOV 1902.

***

FOOT-BALL CLUB

Fundação: Novembro de 1902
Cidade: São Paulo

Fundou-se nesta capital uma nova sociedade sportiva, que recebeu o nome de Foot-Ball Club.

A primeira directoria da nova associação ficou assim constituída: Presidente; Caetano Micle; secretario, Heine Brier; thesoureiro, José Chasco; captain; Francisco Motta.

O Commercio de São Paulo, 24 NOV 1902.

UNIÃO SPORTIVA ITALO-BRASILEIRA
Fundação: Dezembro de 1902
Cidade: São Paulo

Sob a denominação acima, fundou-se nesta capital uma nova sociedade sportiva, ficando a sua directoria assim organisada:

Presidente, Hermenegildo Medici.

Secretario, Christiano de Castro.

Thesoureiro, Antonio Moreira da Rocha.

Fiscaes, Francisco Trindade e Luiz Medici.

O Commercio de São Paulo, 06 DEZ 1902.

***

EDEN JUVENIL
Fundação: Dezembro de 1902
Cidade: São Paulo

Esta é a denominação de uma sociedade sportiva que se fundou nesta capital e que tem por fim cultivar diversos jogos sportivos, entre os quaes o foot-ball.

O Commercio de São Paulo, 21 DEZ 1902.

***

CLUB ATHLETICO SOROCABANO
Fundação: 25 de Dezembro de 1902
Cidade: Sorocaba

Alicio de Carvalho, estudante e jogador do Mackenzie College de São Paulo, em 16 de dezembro de 1902, aproveitando suas férias escolares convocou alguns amigos, a maioria freqüentadores da Igreja Presbiteriana, com a finalidade de fundar um clube para difundir o futebol em Sorocaba.

Com uma bola doada pelo Mackenzie, no dia 25 de dezembro de 1902, em um campo improvisado na Chácara Carvalho, de propriedade de seus progenitores, conseguiu fazer nascer, oficialmente, o Club Athletico Sorocabano. Vieram alguns amigos de São Paulo e com outros sorocabanos, conseguiram montar dois times. O Team Alicio de Carvalho formou com Ezequiel de Arruda, Virgilio Dias e Eugenio Salerno; Salatiel Campos, J. Oliveira e Ismael Arruda; João Salerno, Alicio de Carvalho, Moisés Aguiar, Herman Braga e Gamaliel Prestes; e Team Belfort Duarte com Josias Carlos, Daniel Prestes e Francisco Lourenço; Raul Silva, Oswaldo Soares e B. Prestes; Eugênio Nogueira, Leôncio Teixeira, Irineu Braga, Luiz Carvalho e G. Carvalho. O jornal 15 de Novembro, semanário, deu boa cobertura do famoso cotejo inaugural na edição de 28 de dezembro.

A Chácara Carvalho (Vila Carvalho), de propriedade dos pais de Alicio, a que serviu de palco aos primeiros jogos, tinha seu campo improvisado chamado de Campo do Supiriri.

Com a morte de Alicio de Carvalho, aos 23 anos, em dezembro de 1904, o C.A. Sorocabano praticamente foi extinto.

Web do Jornal Cruzeiro < http://www.jornalcruzeiro.com.br >

***

CLUB SPORTIVO PIRACICABA

Fundação: 1903
Cidade: Piracicaba

A história do esporte em Piracicaba começa em 1903, com a fundação do Club Sportivo Piracicaba, onde os associados realizavam corridas na antiga Raia do Salto e praticavam futebol com material vindo da Inglaterra.

E.C. XV de Nov. de Piracicaba < http://www.xvpiracicaba.com.br/ >.

***

SÃO PAULO RAILWAY FOOT-BALL CLUB

Fundação: 1903
Cidade: São Paulo

Esta sociedade dará amanhã, ao largo Brigadeiro Galvão, 12, sede da S.I.R. da Barra Funda, o baile comemorativo do seu 1º anniversario, para o qual os sócios deverão apresentar o recibo do mez corrente e nos foi enviado um convite.

O Commercio de São Paulo, 08 SET 1904.

ATHLETICO CLUB PAULISTA

Fundação: Fevereiro de 1903

Cidade: São Paulo

Com a denominação supra fundou-se nesta capital mais uma sociedade, destinada ao jogo de foot-ball.

A sua primeira directoria ficou assim constituida, excepto o captain que será effectivo:

Presidente, Antenor de Mello;

vice-presidente, José Pereira;

1º Secretario, Arthur Pereira;

2º Secretario, Diogo Corrêa Dias;

Tesoureiro, Joaquim Silva;

Captain, Francisco Pereira.

O club terá por uniforme calça preta, blusa côr de rosa e bonet preto; o campo de ensaio na Barra Funda.

No mês de outubro de 1903, fez fusão com o São Paulo Team, conforme noticiado no Correio Paulistano:

Em assembléa hontem realizada neste club, foi resolvida a união deste club com o S. Paulo Football Team, conservando o nome do Athletico Club Paulista, e nas cores do club as mesmas do Paulista – camisa cor de rosa e calça preta.

A sua directoria será a seguinte: Presidente, Edgar Barros, Vice presidente, Renato Toledo, Secretario, José Nobling, Thesoureiro, Charles Chachman, 1º Captain, William Cox, 2º Captain, Francisco Pereira.

Correio Paulistano, 13 FEV 1903 e 22 OUT 1903.

* * *

SOCIEDADE RECREATIVA LYRA DA SERRA

(CLUBE UNIÃO LYRA SERRANO)

Fundação: 23 de Fevereiro de 1903

Endereço: Rua Antônio Olyntho, 184

Bairro Vila de Paranapiacaba

Cidade: Santo André

O isolamento dos funcionários da ferrovia no Alto da Serra e o modo de viver dos ingleses é que fez surgir o clube, tornando intensa a vida cultural, social e esportiva da vila de Paranapiacaba.

Em 1903, na época da construção da vila ferroviária de Paranapiacaba, a Sociedade Recreativa Lyra da Serra, dos empregados da The San Paulo Railway Company Ltd., era o ponto de encontro das famílias inglesas. Ali havia, aos domingos à noite, uma sessão de cinema mudo, geralmente filme em série, um dos primeiros a funcionar no País.

Prédio da S.R. Lyra da Serra (2010).
Foto: Divulgação

A Sociedade Recreativa Lyra da Serra, hoje, União Lyra Serrano, em razão da união feita com o Serrano Football Club, é o mais antigo clube social e amador da região do ABCD, e tem sede ampla com salões para cinema e bailes, jogos diversos, biblioteca e um campo de futebol, um dos mais antigos do país. Dizem os moradores que Charles Miller, que era ferroviário, jogava neste campo.

O clube mantém arquivos de fotos e troféus (a partir de 1920), onde há uma taça de 1925 disputada num jogo entre Lyra e uma equipe do S.C. Corinthians Paulista.

Fontes:
    Campeões do Futebol < http://www.campeoesdofutebol.com.br >.
    Correio Paulistano, 10 JUL 1914.

***

SPORT-CLUB-AMISADE
Fundação: 2 de Março de 1903
Cidade: São Paulo

Fundou-se hontem nesta capital uma associação de foot-ballers com a denominação de Sport-Club-Amisade.

A directoria assim ficou constituida: presidente, Ricciotti Alegretti; vice-presidente, Francisco Scotti; secretario, Angelo Melardi; captain, Luiz Franco.

Correio Paulistano, 03 MAR 1903.

***

ASSOCIAÇÃO ATHLETICA BRASILEIRA
Fundação: Março de 1903
Cidade: São Paulo

Com a denominação de Associação Athletica Brasileira, fundou-se nesta capital mais um club de foot-ball, cuja directoria provisória ficou assim constituida:

Presidente, Amadeu R. Branco; vice-presidente, Raul Guimarães; 1° secretario, Renato Braga; 2° secretario, Francisco N. Pinto Junior; thesoureiro, Francisco Garcia; captain, Thomaz de Aquino; vice-captain, Tiburlino Mondin; fiscal, Joaquim dos Santos.

O uniforme será calção e bonet pretos, camisa cor de rosa, com iniciaes. O campo será o da praça Roberto Penteado.

Correio Paulistano, 10 MAR 1903.

***

ATHLETICO CLUB PAULISTA
Fundação: Abril de 1903
Cidade: São Paulo

Mais um clube "homônimo" fundado na capital para a prática do futebol e outros esportes.

ATHLETICO CLUB PAULISTA. – Com a denominação supra, acaba de ser fundado nesta capital mais um club para o desenvolvimento do foot-ball e demais jogos.

Sua directoria está assim constituida:

Presidente, Amadeu D. dos Santos;

Vice-presidente, Adolpho C. Dias;

Secretario, João B. Cunha;

Thesoureiro, Alvaro Barbosa;

79

"Captain", Eduardo Bolston.

Correio Paulistano, 19 ABR 1903.

***

SPORT CLUB D. PEDRO I

Fundação: 26 de Abril de 1903
Cidade: São Paulo

Com a denominação de Sport Club D. Pedro I, fundou-se nesta capital mais uma sociedade sportiva, com os fins de proporcionar aos seus associados varias diversões, principalmente o exercício de foot-ball.

Essa assembleia realisada domingo, foi eleita a seguinte directoria:

Presidente, Vasco Estella; thesoureiro, Manoel Santos; 1º secretario, Reynaldo Braga; 2º secretario, José Magalhães; captain, Albino de Oliveira, o fiscal, Carlos Doriel.

O Commercio de São Paulo, 29 ABR 1903.

***

EFUSY FOOT-BALL CLUB

Fundação: 15 de Maio de 1903
Cidade: distrito de Votorantim, em Sorocaba

EFUSY é a abreviação de Estrada de Ferro União Sorocabana e Ytuana. Em 7 de setembro de 1903, realizou uma partida com o Sport Club Savoia, do mesmo distrito e cidade, saindo vencedor o Savoia por 2 a 0.

Sorocaba Acontece < http://www.sorocaba.com.br/acontece >.

***

SPORT CLUB AMERICANO

Fundação: 21 de Maio de 1903
Endereço em 1906: R. Antonio Prado, 68, em Santos
Cidade: Santos, transferindo-se, em 1908, para São Paulo

O Americano surgiu depois de uma briga entre os diretores do Internacional, abandonando-o em conseqüência os Srs. Americo Martins dos Santos, Sizino Patusca, Ernesto Guimarães, Geraldo Barbosa e outros que foram se unir a Augusto Maria Angélica. Estes senhores trocavam idéias sempre sobre a possibilidade de nascer mais um clube em Santos. Numa das reuniões realizadas na residência do Sr. Américo Martins, resolveram criar um que passou a denominar-se Sport Club Americano, para fazer concorrência ao International. Este nome foi sugerido em vista do grande numero de americanos naquela época residentes em Santos.

A fundação somente se deu em 1903, no dia 21 de maio, tendo como idealizadores: Sizino Patusca, Américo Martins, Antônio Pinto, Manoel Paixão e Armando Paixão. A primeira equipe ficou assim formada: Pereira; Chambá e Jesus; Américo, Medeiros e Antero; Álvaro Fontes, Arnaldo Vaz, José Munhoz, Chico Martins e Carlos Abreu.

Em abril de 1906 os dados do clube foram divulgados no almanaque "Guia de Football" da seguinte maneira:

O Sport Club Americano é uma das mais adeantadas Sociedades Sportivas de Santos e disputou com muita galhardia a sua filiação a Liga Paulista de Football em match que jogou com o seu rival Club Athletico Internacional.

Directoria

Presidente, Cel. Bento Ernesto Guimarães; Vice-Presidente, Arliond de Castro; 1º Secretario, Layre de Castro; 2º Secretario, Octavio Ribeiro; Thesoureiro, Francisco Ribeiro.

Directores

Sizino Patusca, José Procópio de Araújo, J. E. Pereira e Octavio Lara Campos.

Assembléa Geral:

Presidente, Carlos Nogueira Gama; Vice-Presidente, Jonas Pacheco; 1º Secretario, Candido Borba; e 2º Secretario, Silvio Caldeira.

Cores – Verde e amarello dispostas nas camisas em listas.

Ground – R. Visconde de Eembari n. 1 A.

Caixa do Correio n. 164.

Endereço Telegraphico, BEG.
Numero de Sócios, 125.
Sede Social – R. Antonio Prado, 68.
No começo de 1907 o Americano ajudou a fundar uma liga na cidade de São Paulo, que ganhou o nome de "Liga Americana de Foot Ball" em sua homenagem, já que doou a taça da disputa.

A mudança de sede de Santos para São Paulo ocorreu definitivamente em 1908, após convite da Liga Paulista em 1907, para disputar o campeonato no lugar do Mackenzie.

FUSÃO: O Commercio de São Paulo, em março de 1908, noticiou uma tentativa de fusão do Americano com o Internacional:

"Realisou-se quarta-feira á noite, na visinha cidade de Santos, uma reunião dos clubs, Americano e Athletico Internacional, com o fim de resolverem sobre a fusão das duas sociedades. O resultado foi nullo, por se terem os sócios e membros do Sport Club Americano opposto á fusão".

O dia 13 de agosto de 1911 é um marco de ouro na história do futebol brasileiro: o S. C. Americano derrota o selecionado uruguaio por 3 a 0, com dois gols de Décio e um de Alencar, obtendo, assim, para São Paulo e para o Brasil, o primeiro triunfo internacional. Dois anos depois se tornaria na primeira equipe do Brasil a fazer uma excursão internacional, jogando em Buenos Aires e Montevidéu. Vence o selecionado argentino por 2 a 0 (10/08) e perde por 2 a 1 (17/08); perde para o selecionado uruguaio por 2 a 1 (12/08) e 4 a 2 (25/08).

Em 1912, depois de três vices campeonatos paulistas, o clube chega ao tão sonhado título, e de forma invicta. Foram sete vitórias e 4 empates, somando 18 pontos ganhos, 3 a mais que o vice campeão C.A. Paulistano.

O ultimo campeonato paulista jogado pelo clube foi o de 1916.

TÍTULOS:
Campeonato Paulista em 1912 e 1913.

Campeonato Paulista de Segundo Quadro em 1910, 1912 e 1913.

Fontes:
Mundo Esportivo, 07 MAI 1954.
O Commercio de São Paulo, 08 SET 1903; e 31 MAR 1908.
Guia de Football. 4ª Edição. São Paulo. Ano 1906.
Correio Paulistano, 30 JAN 1907.
Campeões do Futebol < http://www.campeoesdofutebol.com.br >.

* * *

JUNDIAHY FOOT-BALL CLUB

Fundação: 23 de Junho de 1903
Cidade: Jundiahy (Jundiaí)

O futebol na Terra da Uva deu seus primeiros passos em 1903, com a fundação do Jundiahy Foot-Ball Club, que serviu de entidade esportiva, social e lazer dos funcionários da Cia. Paulista de Estradas de Ferro.

Em 25 de junho de 1903 recebeu a Associação Athletica da Lapa, em seus domínios, com vitória deste por 1 a 0. Foi também o primeiro do interior a jogar em Campinas. No dia 09 de agosto de 1903, perdeu por 1 a 0 para o Gymnasio A. C. no campo deste.

O time foi o embrião da fundação do Paulista em 1909, após sua extinção em 1908.

Correio Paulistano, 27 JUN 1903.
Campeões do Futebol < http://www.campeoesdofutebol.com.br >

* * *

SPORT CLUB VALPARAISO

Fundação: Junho de 1903
Cidade: São Paulo

Fundou-se nesta capital mais um club de foot-ball com a denominação de Sport Club Valparaiso, ficando assim composta a sua primeira directoria:

Presidente, Saturnino Costa; vice-presidente, Nestor Antonio de Oliveira; secretario, Rubens da Cunha;

thesoureiro, Alfredo Mary; 1º. Fiscal, Cássio Amadei; 2º. Fiscal, Alberto Orsine; 1º. Captain, Antonio Rodrigues; 2º. Captain, Benedicto Paulo.

Correio Paulistano, 26 JUN 1903.

***

ASSOCIAÇÃO ATHLETICA INTERNACIONAL
Fundação: Junho de 1903
Cidade: São Paulo
Fundaram-se nesta capital mais duas sociedades de foot-ball, que se intitulam Associação Athletica Internacional e Sport Club Valparaiso

O Commercio de São Paulo, 28 JUN 1903.

***

ATHLETICO CLUB RED AND WHITE
Fundação: Julho de 1903
Cidade: São Paulo
Com essa denominação, fundou-se, há dias, nesta capital, mais uma sociedade de foot-bal, tendo ficado constituída a sua primeira directoria dos seguintes srs:

Jayme Nogueira, presidente; Manuel Dias de Toledo, vice presidente; Sebastião Barretto, secretario; Luiz Cavalcante, thesoureiro; Benjamim Egas, captain; Roberto de Campos, procurador..

O Correio Paulistano, 16 JUL 1903.

***

SPORT CLUB VOLUNTARIOS DA PATRIA
Fundação: Julho de 1903
Cidade: São Paulo
No bairro de Sant'Anna fundou-se um club de foot-ball qu tomou a denominação de Sport Club Voluntarios da Patria. A directoria ficou assim composta: presidente, Eugenio Correia Pontedeiro; secretario, Nathaniel Sincorá; thesoureiro, João

Rabello Coelho; fiscal, João O. Camargo; captain, Pedro Herminio de Freitas.

O Commercio de São Paulo, 17 JUL 1903.

***

CLUBE DE REGATAS SÃO PAULO
Fundação: 30 de Julho de 1903
Cidade: São Paulo

O Clube de Regatas São Paulo foi fundado em uma reunião no salão do Club Internacional, para o desenvolvimento dos exercícios de natação e remo. Porém o futebol também fez parte da nobre associação, chegando a disputar diversos amistosos.

O periódico Vida Sportiva, em 13 de dezembro de 1903, informou das festividades do clube e da aquisição de uma arquibancada para os jogos de futebol, como segue:

Activam-se os preparativos para o inicio das festas athleticas, náuticas e sportivas desta promissora agremiação, que conta em seu seio toda a elite da mais fina sociedade paulista.

Depois da acquisição da bellissima chácara da «Floresta», na Ponte Grande, onde vae ter a sua sede esta novel e sympathica associação, grande, tem sido a actividade da sua directoria na obtensão do necessário material náutico.

A directoria do club já conta com três baleeiras e está em negocio com uma lancha a vapor e com alguns botes de passeio.

Não é simplesmente náutico o programma do club; elle pretende estabelecer na sua espaçosissima sede todos os «sports», inclusive um vasto campo para o jogo de «football», tendo já para esse fim encommendado planta e orçamento de uma boa archibancada.

O Clube de Regatas São Paulo foi extinto no ano de 1913 após divergências que teve como protagonistas, de um lado, o jovem estudante e popular remador Luiz de Araripe

Sucupira e, de outro, Alberto de Menezes Borba e o secretario geral, Raphael Gomes Ribeiro. Com a extinção seu patrimônio náutico acabou sendo vendido ao Clube de Regatas Tietê e, conseqüentemente, causou o aparecimento de outra agremiação, a Associação Atlética São Paulo.

Fontes:
Vida Sportiva, 13 DEZ 1903.
Associação Atlética São Paulo, < http://atleticasaopaulo.com.br/associacao-atletica-sao-paulo/ >
Campeões do Futebol < http://www.campeoesdofutebol.com.br >

* * *

ASSOCIAÇÃO ATHLECTICA PAULISTA
Fundação: 3 de Agosto de 1903
Cidade: São Paulo

Com esta denominação, fundou se hontem, nesta capital, mais um club de foot-ball, ficando sua primeira directoria assim constituida:
Presidente, Armando Veiga;
Vice-presidente, José A. Barros;
Secretario, Carlos Barros;
Thesoureiro, Eulegio Martinez Filho;
Fiscal, Augusto Pascal.

O Correio Paulistano, 04 AGO 1903

* * *

ASSOCIAÇÃO ATHLECTICA DO CURSO "EDUARDO VAUTIER"
Fundação: Agosto de 1903
Cidade: São Paulo

Com a denominação de "Associação Athlectica do Curso "Eduardo Vautier", fundou-se nesta capital mais uma sociedade de foot-ball.

A sua primeira directoria está assim constituida:
Presidente, Sylvio Justo;
Secretario, Gabriel Ortiz Junior;

Thesoureiro, S. Justo;
Captain, João França Junior;
Fiscal de campo, Humberto de Sá.

Correio Paulistano, 06 AGO 1903.

* * *

SPORT CLUB FLOR DA MOCIDADE
(ASSOCIAÇÃO ATHLETICA GYMNASIO DO CARMO)
Fundação: Agosto de 1903
Cidade: São Paulo

Fundou-se nesta capital mais uma sociedade para o desenvolvimento do foot-bal, sob a denominação de Flor da Mocidade.

A sua primeira directoria ficou assim constituída: presidente, o sr. Natal Paullulo; secretario, o sr. Amadeu do Amara Villela; 1º. Captain, o sr. José Cardoso de Menezes; 2º. Captain, o sr. João de Albuquerque Maranhão. (Correio Paulistano).

Em 29 de novembro de 1903 mudou sua denominação para A.A. Gymnasio do Carmo, conforme noticiou a revista Vida Sportiva.

Em sessão realisada no dia 29 do mez findo, ficou assentada a mudança de nome do Sport Club Flor da Mocidade para o de Associação Athletica Gymnasio do Carmo, com sede á rua do Carmo n. 33-C.

Na mesma reunião foi eleita a nova directoria, que é a seguinte: presidente, sr. Perides Mendes Velloso; vice presidente, sr. Alfredo Costabile; secretario, sr. Amadeu Villela; procurador, sr. José Hippolito; fiscal, sr. Leonel Rosa Filho; captains, do primeiro team, srs. J. Cardoso e Armando Castro.

Correio Paulistano, 10 AGO 1903
Vida Sportiva, 13 DEZ 1903

* * *

SPORT CLUB NACIONAL
Fundação: 9 de Agosto de 1903
Cidade: São Paulo

Fundou-se domingo, nesta capital, mais uma sociedade para o desenvolvimento do foot-ball, tendo ficado a sua primeira directoria assim constituída:

Presidente, o sr. M. Criscitiello; secretario, o sr. L. Tammaro; 1º. Captain, o sr. B. Marquesano; 2º. Captain, o sr. Felício Chrispim; fisca, o sr. F. Tammaro.

Correio Paulistano, 11 AGO 1903.

***

SPORT CLUB BANDEIRANTES
Fundação: 12 de Agosto de 1903
Cidade: São Paulo

Fundou-se hontem nesta capital mais uma associação para o desenvolvimento do sport de foot-ball, ficando assim constituída a respectiva directoria: Presidente, Paulo Noronha; vice-presidente, Achilles Braidalte; 1º captain, Luiz G. Junior; 2º captain, José Carboni; thesoureiro, Boaventura Ribeiro; secretario, José Gasvronsky; fiscal, Luiz Noronha.

A nova associação tem o nome de Sport Club Bandeirantes.

O Commercio de São Paulo, 13 AGO 1903.

***

EDEN CLUB
Fundação: 12 de Agosto de 1903
Cidade: Campinas

Fundou-se nesta cidade a sociedade recreativa Éden Club, sendo acclamada a seguinte directoria provisoria:

Presidente, Carlos César; vice-presidente, José Lopes de Castro Dias; 1º secretario, Herculano Fonseca; 2º dito, Arsênio de Camargo; 1º thesoureiro, Amadeu Guedes; 2º dito, Theodomiro Vieira.

O Commercio de São Paulo, 13 AGO 1903.

SPORT CLUB PINDORAMA
Fundação: Agosto de 1903
Cidade: São Paulo

Realisa-se hoje, 11 da manhã, no Collegio Diocesano desta capital, a inauguração deste club, onde, em campo próprio, os bravos alumnos da divisão dos maiores jogarão um attrahente match.

O Commercio de São Paulo, 16 AGO 1903.

***

ASSOCIAÇÃO ATHLETICA CRUZEIRO PAULISTANO
Fundação: 21 de Agosto de 1903
Cidade: São Paulo

Nesta capital, organisou-se ante-hontem, com o nome de Associação Athletica Cruzeiro Paulistano, mais uma sociedade para o desenvolvimento de foot-ball.

A sua directoria ficou assim composta:
Presidente, Camillo da Silva;
Secretario, Vallinho;
Thesoureiro, P. da Silva,
Captain, Souza da Silva Filho.

O Commercio de São Paulo, 23 AGO 1903.

***

VELOZ CLUB INTERNACIONAL
Fundação: Agosto de 1903
Cidade: São Paulo

Com a denominação de Veloz Club Internacional, fundou-se nesta capital mais uma sociedade de foot-ball, ficando a sua directoria assim organisada:
Presidente, José Alves Pereira;
Secretario, Mario Campos Mendes;
Thesoureiro, Arthur Bastos;
Captain, Ernesto Diete.

O Commercio de São Paulo, 23 AGO 1903.

ASSOCIAÇÃO ATHLETICA CENTRAL DO BRASIL
Fundação: Agosto de 1903
Cidade: São Paulo
Com a denominação de Associação Athletica Central do Brasil, fundou-se nesta capital mais uma sociedade de foot-ball.

Correio Paulistano, 27 AGO 1903.

***

CLUB ATHLETICO 15 DE NOVEMBRO
Fundação: Agosto ou Setembro de 1903
Cidade: São Paulo
Fundou-se nesta capital mais um club de foot-ball, com a denominação de Club Athletico 15 de Novembro.
A directoria ficou assim organizada:
Presidente, José de Alencar Piedade;
Vice-presidente, Alvaro Ramos Piedade;
Thesoureiro, Generoso Pontes;
Secretario, Virgilio Silva;
Fiscal de campo, Alfredo de Toledo.

Correio Paulistano, 02 SET 1903.

***

PAULISTA SPORT CLUB
(PAULISTA ESPORTE CLUBE)
Fundação: 1º de Setembro de 1903
Cidade: São Carlos
O clube que nasceu com o apoio dos funcionários da Companhia Paulista de Estradas de Ferro e nos primeiros anos de sua existência, a atividade futebolística do Paulista se limitava em disputas internas entre os associados e esporádicos jogos amistosos contra outras equipes. O primeiro rival na cidade só apareceu em 1904 - o Sport Club Sancarlense. Neste período, até 1926, mandou seus jogos no Derby Sancarlense. O pioneiro do futebol em São Carlos foi, por muitos anos, temido por seus adversários.

Proporcionou ao Club Atlético Pirassununguense, em 23 de fevereiro de 1908, a sua primeira partida oficial. O resultado foi Pirassununguense 2 x Paulista 1.

O Paulista realizou o jogo de número 40 da história do Sport Club Corinthians Paulista, em 4 de julho de 1915. A partida foi realizada no Velódromo de São Carlos, e o Corinthians venceu por 4 a 1, com gols de Apparicio (2), Neco e Amílcar; Seurachio, de pênalti, descontou para o time da casa.

No dia 25 de maio de 1919 recebe em suas dependências o Palestra Itália, atual Palmeiras, em que estava em disputa o Troféu Comércio de São Carlos. O Palestra Itália vence por 2 a 0.

No ano de 1922 filia-se à (A.P.E.A.) Associação Paulista de Esportes Atléticos e passa a disputar o Campeonato do Interior.

Em 1926 mudou-se para instalações próprias em uma grande área ao lado do que é hoje a USP e o bairro Jardim Lutfalla. No local o Paulista construiu o seu campo, então chamado de Estádio do Paulista dentro do hipódromo do Derby Club, com a ajuda de toda a comunidade, inclusive com mão de obra voluntária de associados e ferroviários. Em 21 de março de 1926 o estádio foi inaugurado com a presença do Paulistano da capital, e o Paulistano venceu por 1 a 0, gol anotado por Seixas.

Na década de 40 incorporou o Ruy Barbosa Futebol Clube, apelidado de "Azulão", que havia sido fundado no ano de 1929.

Deixou de existir devido problemas financeiros em 25 de fevereiro de 1951, sendo incorporado ao atual São Carlos Clube, que havia sido fundado no dia 1º de janeiro de 1944.

TÍTULOS

Campeonato citadino de São Carlos em 1931, 1942, 1944, 1946 e 1947.

Foto: Acervo do São Carlos Clube <
http://www.saocarlosclube.com.br >

Fontes:

Campeões do Futebol <http://www.campeoesdofutebol.com.br>
São Carlos Clube < http://www.saocarlosclube.com.br >

***

SPORT CLUB SOROCABANO
Fundação: 7 de Setembro de 1903
Cidade: Sorocaba

O Sorocabano ou "diabo rubro", como ficou conhecido, foi fundado por jovens idealistas, inspirados no Club Athletico Sorocabano, adotando as cores vermelha e branca em seus uniformes. Sua sede era localizada à Rua São Bento (área central da cidade de Sorocaba) e chegou a possuir campo próprio. Foi uma equipe da alta sociedade sorocabana do século passado.

A primeira partida do clube foi realizada no dia de sua fundação contra a equipe do Votorantim Athletic Club, com vitória deste último por 4 a 1.

Em 11 de dezembro de 1917, na reunião da APSA - Associação Paulista de Sports Athleticos esta resolveu "*federar e reconhecel-o como única entidade sportiva da referida cidade*".

Foi durante longos anos uma das maiores agremiações futebolísticas de Sorocaba tendo como maior rival o Esporte Clube São Bento, desde que este ainda tinha o nome de Sorocaba Athletic Club. Após algumas décadas, o Sport Club Sorocabano entrou em decadência e acabou abandonando o futebol, tornando apenas um clube social e posteriormente extinto em 1949.

Fontes:
Correio Paulistano, 12 OUT 1917.
GOMES, Luiz Carlos, Pesquisa Independete sobre o Futebol Sorocabano
SANTOS JUNIOR, João dos, "Votorantim - História e Iconografia de uma cidade", São Paulo: Editora Ottoni, 2004.
Campeões do Futebol < http://www.campeoesdofutebol.com.br >
Sorocaba Acontece < http:// www.sorocaba.com.br/acontece >

***

SANTOS DUMONT
Fundação: Setembro de 1903
Cidade: Jacarehy

Com a denominação de "Santos Dumont", os alumnos do gymnasio "Nogueira da Cama", fundaram nesta cidade um club athletico do qual é presidente o sr. Abel de Nazareth.
Correio Paulistano, 04 OUT 1903 (Jacarey – Do correspondente, em 27 de setembro findo).

***

ASSOCIAÇÃO NACIONAL DE EXERCICIOS PHYSICOS
Fundação: Setembro de 1903
Cidade: São Paulo

Com esta denominação, fundou-se, em setembro ultimo nesta capital, uma associação sportiva com o objectivo de proporcionar a seus associados a pratica dos exercícios physicos em geral, e não exclusivamente o foot-ball, como geralmente so acontece com as nossas sociedades congêneres. Assim é que o Nacional se está exercitando em vários gêneros de sport, principalmente os de origem nacional, já contando com aguerridos teams de peteca e foot-ball.

Sua actual directoria compõe-se dos srs. José Gonsalves, presidente; Agenor Correia, secretario interino; Octavio Goulart, thesoureiro; dr. Augusto Toledo, tenente Pedro D. de Campos e Francisco Vieira Júnior, membros da commissão de syndicancia.

Seus 1.° e 2.° teams de peteca e foot-ball estão assim constituídos:

Primeiro de peteca
AGENOR
Luiz, Vieira, Vasco, Euclydes, Betico, Caetano, Jucá, (capitain), Motta, Renato.

Segundo
OCTAVIO DE MELLO
Joaquim, Joca, Toledo, Rosa, Brenno, A. Miranda, O. Goulart (capitain) Loyolla Lins.

Primeiro de foot-ball
OSORIO
Lauro, Geraldo, Cordes, L. Toledo, (captain), O. Goulart, Buclydes, Eenato, Aquino, Alfredo, Agenor.

Segundo
CAETANO
Vidal, Pocci, Indalencio, Siqueira, Castro, Aristides, Betico, Joaquim, (captain), Luiz, Vasco.

A' Associação Nacional, que conta com tão distinctos sportsmen, auguramos um brilhante futuro.

Vida Sportiva, 13 DEZ 1903.

* * *

CLUB DE FOOT-BALL

Fundação: 30 de Setembro de 1903
Cidade: São Paulo
Fundou-se hontem nesta capital mais uma sociedade para o desenvolvimento do foot-ball, ficando a sua primeira directoria assim constituída:
Presidente, Oscar Guimarães; vice-presidente, João Bar bosa; fiscal de campo, Arthur Serpa; captain, Eduardo Romero; vice- captain, Joaquim Cruz; secretario, Graciliano da Silva; thesoureiro, Eugenio Sinardi.

Correio Paulistano, 1º OUT 1903.

* * *

CLUB ATHLETICO PARAISO
Fundação: 30 de Setembro de 1903
Cidade: São Paulo
Um grupo de rapazes fundou hontem nesta capital, mais um club de foot-ball, com aquella denominação.
Sua primeira directoria ficou assim constituída: presidente, Juvenal Prado; vice-presidente, Alfredo Mauricio; thesoureiro, Benedicto de Araújo Lima; secretario, José Nogueira da Silva, e procurador, Benedicto Rosa de Oliveira.

Correio Paulistano, 1º OUT 1903.

* * *

 ## IDEAL SPORT CLUB
Fundação: 1º de Outubro de 1903
Endereço em 1905: Rua São Lázaro, nº 54.
Cidade: São Paulo

Sobre a fundação e o seu principal fundador, Nicolau Marmo, o Orgam (Revista) do Ideal Sport Club, Ano 1 - Nº 1, em janeiro de 1905, fez a seguinte matéria:

NICOLAU MARMO
Iniciador e actual Director do "Ideal Sport-Club"

95

O Ideal Sport-Club orgam da aggremiação do mesmo nome, sente-se ufano, satisfeito e muito honrado podendo estampar, como o faz, o busto hercúleo e sympathico do fundador e actual director da mesma aggremiação, Snr. Nicolau Marmo; ufano, porque presta uma homenagem justa a um moço de caracter illibado; satisfeito porque vê coroados do melhor êxito os esforços d'esse moço em prol do Sport, quer no ponto de vista scientifico e útil; e finalmente muito honrado, porque realmente é grande honra para esta revista o acontecimento que hoje realisa, tratando de quem, como Nicolau Marmo, tudo tem feito, espondose aos maiores sacrificios com enthusiasmo, boa vontade, disciplina e perseverança, para que tanto se desenvolvesse o Club Sportivo que em tão boa hora fundou em tão boa sim, porque em pouco tempo foi acompanhado por uma forte phalange de combatentes pelo mesmo fim que, com o mesmo amor, abraçaram a idéia nascida do seu cérebro emprehendedor.

Somos avessos ás manifestações bombasticas, falladas ou escriptas, que attinjam ás raias da bajulação, mas podemos dizer (...), que Nicolau Marmo é um heróe.

Fundado em 1º de Outubro de 1903, com pouco mais de um anno de vida portanto, o Ideal Sport-Club tem se desenvolvido espantosamente, cada dia o seu progresso avoluma-se, vendo-se no seu desdobramento o gênio laborioso do seu iniciador. Tendo por fim a instrucção e propaganda de todos os jogos e exercícios athleticos, taes como: lucta romana, esgrima, tiro ao alvo, rowing, natação, cyclismo, gymnastica, football, pesos, etc, mantém, funccionando com regularidade, diversas secções d'esses jogos, e já realisou mais de um campeonato que valeu victoria a muitos associados, demonstrando estes o bom resultado da dedicação.

Entre os congêneres o Ideal Sport-Club sobresahe, não só pela bôa ordem que presidiu a sua installação (...) em escala gradativa como requerem as leis da hygiene ...

... Dissemos e não nos enganamos que os esforços de Nicolau Marmo em prol do sport, tem sido no ponto de vista recreativo e no ponto de vista scientifico e útil. Recreativo, sim, porque nada bello, nada mais agradável, nada mais sublime e emocionante do que assistir a um d'esses exercicios athlecticos em que todos, com pericia e garbo, se debatem para obter uma victoria, arrancando palmas estrepitosas, fazendo jús aos applausos e ao delirio da multidão que os contempla, das bellas senhoritas que agitam lenços e que espargem flores-petalas encarnadas de rosas, flores perfumosas dos seus risos. Scientifico e útil, sim, porque Marmo conhecendo como os bons auctores, que «uma natureza fraca e delicada encontraria, na pratica de exercidos exagerados, um meio seguro de definhar e aniquilar-se» tem a cautella precisa de analisar a estructura physica do indivíduo, antes de submettel-o ao rigor de um exercido pesado.

(...) o iniciador e fundadores do club do qual esta revista é orgam, tiveram a feliz lembrança de alliar um pouco de idealismo á aggremiação, dando-lh'a o titulo de «Ideal».

Nicolau Marmo nasceu na cidade de Porto Alegre em 17 de Junho de 1879, e tendo vindo para esta capital em companhia de eu honrado pae e distinctos irmãos, que aqui fixaram residência em 15 de Março de 1887, deu, bem cedo, expansão ás suas aspirações, dedicando-se com afinco, ainda em tenra edade, a arte da qual hoje possue sólidos conhecimentos ...

... Infelizmente não temos dados que nos permittam affirmar cathegoricamente, mas parece-nos que um dos primeiros club de natação de São Paulo, foi fundado por Nicolau Marmo. A fundação d'esse club, denominado «Club de Natação e Remos,» deu-se em 1896, com sede na rua de Santa Rosa, e este facto carecterisa bastante o bom gosto de Marmo, que fora de duvida contemplará, radiante, os actüaes clubs de natação e regatas, como reflexos do seu emprehendimento de alguns annos.

Em 1897, para melhor confirmar a sua constante preoccupação pelo sport e pela arte, a sua sede de aperfeiçoamento e anciã de novos conhecimentos, fundou o «Club Recreativo Tiro ao Alvo», com sede na rua Florida, club este que passou a ser dramático, com a denominação de «Club Filodramatico Dante Alighieri» que por sua vez, dois annos depois, fez fusão com o «Club Leopoldo Marengo» que mais tarde tomou o titulo de «GriovanniBoviõ».

NICOLAU MARMO
Iniciador e actual Director do
"Ideal Sport-Club"

Os divertimentos sportivos n'aquella epocha não eram desenvolvidos, mas Marmo por uma tendência natural, d'elles nunca descurou-se; e apezar de ter abraçado a arte dramática, tornando-se um amador de mérito, associou-se ao «Club Athlectico da Pelota» e ao «Club Força e Coragem» dos quaes foi forte baluarte, depois de ter sido sócio fundador das associações: «União dos Trabalhadores do Livro», «Associação das Artes Graphicas», «Humanitária de S. Paulo», «Sociedade Sempre Viva», etc. e ultimamente fundou o «Ideal Sport-Club» que tem merecido toda a sua actividade, todo o seu ardor, toda a sua boa vontade de batalhador incançavel.

-x-

Primeira Directoria do "Ideal Sport-Club"

Presidente – Ramiro de Araújo
Vice-Presidente - Narciso Toschi
1º Secretario – Clemente A. Marmo
2º - Secretario – G. França Junior
1º Thesoureiro – J. F. Figueiredo
Director – Nicolau Marmo.

-x-

Directoria actual, cujo mandato termina em 1º de Outubro de 1905:

Presidente—Ramiro de Araújo
Vice-Presidente—Alberto Savoy
1º Secretario—Silvio L. Lage
2º Secretario —Joaquim Nossa
1º Thesoureiro—Clemente A. Marmo
2º Thesoureiro—Ernesto Wahlbuhl
Director—Nicolau Marmo

Commissão Fiscal { Adolpho Wellisch
Prospero C. Alberto
Roberto Gastão

99

RAMIRO DE ARAUJO

Presidente do "Ideal Sport-Club"

Não foram encontrados registros de quando o clube deixou de existir.

Fonte:
      Orgam do Ideal Sport Club, Anno 1 – Numero 1, JAN 1905
      Campeões do Futebol < http://www.campeoesdofutebol.com.br >

CLUB ATHLETICO DO BRAZ

Fundação: Outubro de 1903

Cidade: São Paulo

Fundou-se nesta capital, com sede no Braz, uma sociedade sportiva com a denominação de "Club Athletico do Braz".

A sua primeira directoria está assim constituída:

Presidente, Manuel Fonseca;

Secretario, Manuel Costa;

Thesoureiro, Alfredo Fonseca;

Captain, Messias Fonseca;

Vice captain, Raphael Pereira do Valle;

Fiscais, Abílio Rodrigues de Oliveira, Fernandes Duarte e Joaquim dos Santos.

_ No campo da mesma sociedade haverá exercícios para os seus associados das 7 horas da manhã em deante.

Correio Paulistano, 04 OUT 1903.

* * *

A.A. JOSÉ BONIFACIO

Fundação: Outubro de 1903

Cidade: São Paulo

Fundou-se nesta capital mais um club de foot-ball, a A.A. José Bonifacio.

A sua directoria ficou composta dos seguintes amadores do dito Sport: presidente, Dioscoro Flexa; secretario, Miguel Flexa; thesoureiro, F. Silveira, captain Wenceslau Flexa.

O Commercio de São Paulo, 24 OUT 1903.

* * *

SPORT CLUB VERGUEIRO

Fundação: Novembro de 1903

Cidade: São Paulo

Fundou-se nesta capital, com a denominação de Sport Club Vergueiro mais uma sociedade de foot-ball, ficando a sua directoria provisoria assim constituida: presidente, sr.

101

Dante Malagoa; Ignacio Castello, secretario; João Bentevenha, captain; Tacinare Vicente, fiscal, e Antonio Golireu, thesoureiro

Correio Paulistano, 04 NOV 1903.

***

ASSOCIAÇÃO ATHLETICA DA MEMORIA
Fundação: Novembro de 1903
Cidade: São Paulo

A.A. da Memoria é o nome de mais uma sociedade de foot-ball, fundada nesta capital.

A sua directoria é a seguinte: srs. José Macedo, presidente; João Pinto Sampaio, vice-presidente; Angelo de Oliveira, secretario; Bento da Silva Bueno, captain; Dorsa, vice-captain, Rajero verdolin, thesoureiro; Albino Collazzi, procurador, e Dante Pardini, fiscal.

O Commercio de São Paulo, 09 NOV 1903.

***

CLUB ATHLETICO MINERVA
Fundação: 22 de Novembro de 1903
Endereço: Rua de São Lázaro, 48 (em dezembro de 1904)
Cidade: São Paulo

Com este titulo, fundou-se hontem, no bairro da Luz, mais um club de foot-ball, sendo eleito para a directoria os seguintes srs.: presidente, Benedicto de Castro; secretario, Manoel F. de Carvalho; thesoureiro, Attilio Gersoraion; procurador, Laudelino M. da Costa, e captain, Raymundo de Camargo.

O Commercio de São Paulo, 23 NOV 1903.

***

ASSOCIAÇÃO ATHLETICA BRAGANTINA
Fundação: Novembro de 1903
Cidade: São Paulo

Com essa denominação fundou-se nesta capital mais uma associação para o exercício de foot-ball, ficando assim organizada a sua directoria provisória: presidente, Manuel Carlos da Silva; secretario, Marcello Fortunato; thesoureiro, Luiz dos Santos; captain, Jorge de Lima; vice captain, Thomaz Calope; fiscal, Laurindo dos Santos.

Correio Paulistano, 28 NOV 1903.

Está assim constituida a primeira directoria da A. A. Bragantina, ultimamente fundada nesta capital: presidente, sr.; Manoel Carlos da Silva; secretario, sr. Marcello Fortunato; thesoureiro, sr. Luiz dos Santos; captain, sr. Jorge de Lima; vice-captain, sr. Thomaz Calope, e fiscal, sr. Laurindo dos Santos.

Vida Sportiva, 13 DEZ 1903.

***

CLUB ATHLETICO FUTURO
Fundação: Novembro de 1903
Cidade: São Paulo

Fundou-se nesta capital, com a denominação de Club Athletico Futuro, mais uma sociedade de football, cuja primeira directoria ficou assim constituída: presidente, sr. Carmo Tabbarro; secretario, sr. Esmelio Laborde; thesoureiro, sr. Caetano Xotaro; captain, sr. Paulo Alicino; vice-captain, sr. Jacob Justi; fiscal, sr. Ângelo Bandi.

Vida Sportiva, 13 DEZ 1903.

Há controvérsias entre periódicos, pois o Correio Paulistano informou a seguinte diretoria:

Ficou assim organizada a directoria deste club:
Presidente, Carmo Tabarro; secretario, Emilio Laborde; thesoureiro, Caetano Notaro; captain, Paulo Aliane; vice, Jacob Juati; 1º fiscal, Ângelo Bander; 2º., Arthur Justi.

Correio Paulistano, 1 DEZ 1903

***

WHITE-TEAM

Fundação: Novembro ou Dezembro de 1903
Cidade: São Paulo

Com a denominação de White-team, fundou-se mais uma sociedade de foot-ball nesta capital.

Sua primeira directoria compõe-se dos srs. Antonio de Souza Queiroz, presidente; Francisco Vieira Junior, vice; Dioscoro Arco e Flexa, e Arthur Siqueira, secretários; Aristides Guimarães, thesoureiro; José Capellano, captain e Leonel Rosa Junior, vice-captain.

Vida Sportiva, 13 DEZ 1903.

***

ASSOCIAÇÃO ATHLETICA AVENIDA PAULISTA

Fundação: Novembro ou Dezembro de 1903
Cidade: São Paulo

Denomina-se Associação Athletica Avenida Paulista uma nova sociedade de foot-ball fundada nesta capital.

Sua primeira directoria está assim constituída: presidente, sr. João Pepe; vice, sr. S. Allegretti; thesoureiro, sr. Francisco Scotti; secretario, sr. Ernesto Allegretto ; captain, sr.Francisco Pepe ; vice-captain, sr. Pascoal Scotti.

Vida Sportiva, 13 DEZ 1903.

***

SPORT CLUB SEMPREVIVA

Fundação: Novembro ou Dezembro de 1903
Cidade: São Paulo

Com a denominação de Sport Club Sempreviva, fundou-se, nesta capital mais uma sociedade de football, ficando a sua primeira directoria composta dos srs. Raphael Barrella, presidente; Vicente Natallclo, thesoureiro: Christovam Torres, secretario, e A. Pasqualito, captain.

Vida Sportiva, 13 DEZ 1903.

***

ATHLETICO CLUB OLAVO DE BARROS
Fundação: Novembro ou Dezembro de 1903
Cidade: São Paulo

Com a denominação acima organisou-se nesta capital mais uma sociedade para o desenvolvimento do foot-ball, tendo assim organisada a sua primeira directoria:

Presidente, Carlos de Aguiar; vice-presidente, Accacio Faria; secretario, Luiz de Toledo Piza; thesoureiro, José Osório; captain, Antônio Faria; vice captain, Alberto Quartim de Moraes.

Vida Sportiva, 13 DEZ 1903.

***

ATHLETICO CLUB FLUMINENSE
Fundação: Dezembro de 1903
Cidade: São Paulo

Com essa denominação, fundou-se nesta capital mais um club de foot-ball, cuja primeira directoria está assim constituida:

Captain, Mauricio Hayeu; vice-captain, Jarbas Neves de Sousa; presidente, Olavo Vieira; thesoureiro, Vicente Delfino; procurador, Francisco Neves de Sousa.

Correio Paulistano, 05 DEZ 1903.

***

SPORT CLUB HIPPODROMO
Fundação: Janeiro de 1904
Cidade: São Paulo

Com a denominação supra, fundou-se nesta capital mais uma sociedade sportiva para o desenvolvimento do foot-ball, cuja primeira directoria ficou organizada do seguinte modo:

Presidente, Alfredo Camargo; vice-presidente, Plinio Fonseca; 1º secretario, João Niels Rhein; 2º secretario, Cyro Brasiliense; thesoureiro, Laudelino Schmidt; captain, Andrew Rhein; vice captain, Henrique Blach; 1º fiscal, Antenor

Machado; 2º fiscal, Augusto Silveira, e procurador Octavio Martins.

O ground para os exercícios será na rua Brigadeiro Machado, esquina da rua Uruguayana.

Correio Paulistano, 19 JAN 1904.

***

ASSOCIAÇÃO ATHLETICA ORIENTAL
Fundação: 21 de Dezembro de 1903
Cidade: São Paulo

Fundou-se ante-hontem nesta capital, mais uma sociedade de foot-ball sob a denominação de Associação Athletica Oriental.

Correio Paulistano, 22 DEZ 1903.

***

ASSOCIAÇÃO ATHLETICA AMPARENSE
Fundação: 1904
Cidade: Amparo

D'entre as muitas diversões que mais atrahiram a attençao geral durante o anno de 1904, devemos citar o football, que causou aqui tal enthusiasmo ao ponto de serem organisadas duas ou três associações desse gênero. Uma dellas, a "Athletica Amparense" foi a que mais louros colheu, chegando a bater-se com os clubs congêneres das localidades visinhas, vencendo algumas vezes e sendo batida em outras occasiões, mas sempre mostrando galhardia e denodo.

Os bravos mogy-mirianos, visitaram duas vezes, para disputar "matchs" aos amparenses, esta nossa bella cidade, gentileza que os nossos retribuíram-lhes devidamente.

Sobre uma destas partidas, convém mencionar a realizada em 28 de fevereiro de 1904, descrita no Correio Paulistano.

Realizou-se domingo, 28, com grande concorrência, em Amparo, um match de foot-ball entre o Mogy mirim Sport Club

106

e a Associação Athletica Amparense, sahindo brilhantemente victorioso o Mogy mirim Sport Club por 2 goals a 1.

Eis os teams que disputaram o match.

Mogy-mirim Sport Club: Oswald, Áureo, Chu, Jangota; Albano, Jucota, Zecca; Octavio, Sampaio; Chico, Patureau.

A.A. Amparo: Alonso, Carlito, Agenor, Boaventura, Grossumann, Conrado, Flavio, Santos, Durval, Cunha, Felício.

Seguindo ainda sobre a história do clube, há uma nota no peridódico O Commercio de São Paulo (1905) sobre um trainning:

- Com regular concorrência, realisou-se, domingo ultimo, ás 4 ½ horas da tarde, no campo da Associação Athletica Amparense, um trainning, entre os teams branco e vermelho, sahindo este vencedor por um goal a zero.

Durante o jogo, que correu muito animado tocou a banda de musica do professor Leôncio Alves da Silva.

A diretoria do clube em 1912 estava assim formada: Presidente, Dr. Álvaro Silva; Vice-presidente Jeronymo Tavares Coutinho; 1º Secretário. Antonio Nueno do Nascimento; 2º Secretário, Antonio Loureiro; Tesoureiro, Marcos Silva; Procurador, Octavio Alves de Souza.

Fontes:

Almanach do Amparo - Anos: 1905, 1909 e 1912.
O Commercio de São Paulo, 04 OUT 1904.
Correio Paulistano, 01 MAR 1904.
Campeões do Futebol < http://www.campeoesdofutebol.com.br >

* * *

CLUB SPORTIVO TAUBATEENSE

Fundação: 10 de Junho de 1904

Cidade: Taubaté

O futebol em Taubaté surgiu em 1904 com a realização de "ensaios" como eram chamados na época, os treinos de foot-

107

ball. Eles aconteciam durante os intervalos das disputadas provas de ciclistas que eram realizadas no Velódromo Taubateense, localizado na Rua Quatro de Março, região central da cidade, inaugurado em 03 de abril de 1904.

O time do Taubateense em 1904. Foto: Almanaque Urupês
< http://www.almanaqueurupes.com.br >

A idéia de se criar a primeira equipe de futebol na cidade, ocorreu exatamente no dia 10 de junho de 1904, quando os amantes do esporte, José Pedro de Oliveira, Jayme Tindal e Frederico Livrero, se reuniram no edifício da Associação Comercial com objetivo de estudar a melhor possibilidade de se fundar uma equipe de futebol. Nesse primeiro encontro decidiu-se que a equipe ganharia o nome de Club Sportivo Taubateense. Sua sede seria na Rua Quatro de Março, onde se encontrava o Velódromo da cidade.

O clube recém-criado tinha como objetivo proporcionar a seus associados todos os gêneros de jogos esportivos como: corridas a pé, de bicicletas, em sacos, foot-ball e Tamburello.

Cobrava-se à época taxa mensal de 2$000 (Dois mil réis) dos seus associados.

O dinheiro dos associados se destinava a comprar as bolas "Mac Gregor" e "Olimpic" n° 5, com costuras, manutenção do ground e outras despesas normais.

O "Club Sportivo Taubateense" que surgiu modestamente foi o rastilho para a organização de muitos outros clubes da várzea em Taubaté, e cada fazenda de café organizou o seu clube.

O esporte era praticado pelos engenheiros, médicos, fazendeiros e altos funcionários. Só gente branca jogava bola. Mulatos ou negros não eram admitidos nos campos.

Dizem alguns que Raphael Gaspar Falco, goleiro da primeira formação do Taubateense, foi o responsável por angariar fundos entre os entusiastas para realizar a primeira partida de futebol na cidade, tendo como adversário, o Atlético de Pindamonhangaba.

O "novo esporte" era tão desconhecido que os promotores do evento tiveram que distribuir à platéia, panfletos explicando as regras do jogo.

O Club Sportivo Taubateense deixou de existir em 1910.

Fontes:

Taubaté E.C. < http://www.esporteclubetaubate.com.br >
Almanaque Urupês < http://www.almanaqueurupes.com.br>
Campeões do Futebol < http://www.campeoesdofutebol.com.br >

***

GRUPO FOOT-BALL BOQUEIRÃO
Fundação: Junho 1904
Cidade: Santos
Pelo nosso estado – Santos
Em data de 1:
Com a denominação Grupo Foot-Ball Boqueirão, fundou-se há dias, nesta cidade, um grupo para dedicar-se a esse jogo, elegendo a seguinte directoria: presidente, Christiano Stosler de Araujo; secretario, Augusto J. C. Winz;

thesoureiroF. Le Masson; directores: Antonio S. Bittencourt, Antonio Soter de Oliveira Santos, Catullo Mattos, Ludgero Carneiro; procurador, Christiano A. Oliveira.

O Commercio de São Paulo, 02 JUL 1904.

***

SÃO PAULO CLUB

Fundação: 6 de Julho de 1904
Cidade: São Paulo

Com esta denominação fundou-se ante-hontem no bairro da Luz mais uma sociedade para o desenvolvimento do football.

A sua primeira directoria ficou assim organizada: presidente, sr. Paulo Quartim Corrêa de Moraes, secretario, o sr. Luiz de Toledo Piza, thesoureiro, o sr. Gastão Streng, captain o sr. Alberto Quartim C. de Moraes.

Correio Paulistano, 08 JUL 1904.

***

ASSOCIAÇÃO ATHLETICA PAULISTANA

Fundação: Julho de 1904
Cidade: São Paulo

Fundou-se nesta capital mais uma sociedade sportiva, denominada Associação Athletica Paulistana.

Correio Paulistano, 08 JUL 1904.

***

FOOT-BALL CLUB JOÃO DE DEUS

Fundação: Julho 1904
Cidade: São Paulo

Fundou-se nesta capital, com a denominação de "Foot-ball Club João de Deus", mais uma sociedade para o desenvolvimento desse gênero de "Sport".

Sua directoria ficou assim constituida:

Presidente, João Franco; vice-presidente, Jayme Redondo; thesoureiro, Edgard do Nascimento; secretario,

Domingos do Nascimento; 1º captain, Orlando da Costa Leite; 2º captain, Joaquim Teixeira.

Nota: restante do texto estava mutilado, não sendo possível distinguir.

Correio Paulistano, 13 JUL 1904.

***

MOCIDADE FOOT-BALL CLUB
Fundação: Julho de 1904
Cidade: São Paulo

Com o nome de Mocidade Foot-ball Club, fundou-se, nesta capital, mais uma sociedade sportiva para o desenvolvimento do jogo de foot-ball.

A sua directoria ficou assim constituída:

Presidente, A. Tripoli, vice-presidente, A. Rodrigues; 1º secretario, A. Medici; 2º secretario, P. Pires; thesoureiro, V. Romano; fiscal de campo, Plínio Silveira; procurador, Reynaldo Trípoli.

O captain será eleito na próxima assemblea.

O Commercio de São Paulo, 19 JUL 1904.

***

O.B. CLUB
Fundação: 6 de Agosto de 1904
Cidade: São Paulo

Sob esta denominação fundou-se nesta capital um novo grêmio athletico-recreativo, que se installará na pittoresca chácara Jaguaribe, no bairro de Santa Cecília.

O novo grêmio terá na sua sede, campos para jogos de cricket, law tennis, baze-ball e foot-ball, tanques de natação, apparelhos para gymnastica, athletismo, etc.

A primeira directoria, hontem eleita, compõe-se dos srs. Juvenal O. M. Ferreira, presidente; Mario Mendes, vice-presidente; João B. Duarte, secretario e captain; Francisco Cunha Bueno, Augusto Guerra e Pedro Egydio Lacerda, conselheiros.

Ao sr. Dr. Domingos Jaguaribe foi conferido o titulo de presidente honorário.

Aos destemidos rapazes desejamos uma vida longa e que possam em breve dar ao publico paulistano o testemunho dos seus esforços empregados para o desenvolvimento do athletismo em geral.

Correio Paulistano, 07 AGO 1904.

Sobre a fundação deste clube, uma outra nota no Jornal do Commercio:

- Fundou-se nesta capital o O.B. Club que tem por fim desenvolver diversos gêneros de Sport, como sejam foot-ball, natação, base-ball, cricket e lawn-tennis.

A sua directoria é a seguinte: presidente, vice-presidente e secretario, srs. Juvenal O.M. Ferreira, Mario Mendes e João B. Duarte.

E prsidente honorário o Sr. Dr. D. Jaguaribe.

O Commercio de São Paulo, 07 AGO 1904.

* * *

SPORT CLUB VENI, VIDI, VICI

Fundação: Agosto de 1904
Cidade: São Paulo

Fundou-se nesta capital mais uma sociedade sportiva, denominada Sport Club " Veni, Vidi, Vici ".

O Commercio de São Paulo, 27 AGO 1904.

* * *

ASSOCIAÇÃO ATHLETICA ORDEM E PROGRESSO

Fundação: Setembro de 1904
Cidade: São Paulo

Fundou-se nesta capital, com a denominação de Associação Athletica Ordem e Progresso, mais uma sociedade de foot-ball.

A sua primeira directoria ficou assim composta:

Presidente, sr. Abel Canto;

Secretario, sr. Carlos Natrell;

Captain, sr. Martiniano Tavares;
Thesoureiro, sr. Caetano Paulo.

Correio Paulistano, 17 SET 1904.

***

CLUB ATHLETICO BRASIL
Fundação: Setembro de 1904
Cidade: São Paulo

Fundou-se nesta capital o Club Athletico Brasil para o desenvolvimento do foot-ball e outros generos de sport. A directoria provisória ficou assim constituída:

Srs. Lamartine Borges, João M. Campos, Domingos M. Campos, Alfredo M. Campos, Luciano Felisberto, Peregrino de Oliveira e Vicente S. Thomaz, presidente, vice-presidente, secretario, thesoureiro, captain, vice-captain e fiscal.

O Commercio de São Paulo, 01 OUT 1904.

***

ASSOCIAÇÃO ATHLETICA VILLA MARIANA
Fundação: 16 de setembro de 1904
Cidade: São Paulo

Com o nome supra fundou-se nesta capital mais uma sociedade para o desenvolvimento do foot-ball.

A sua directoria é a seguinte:

Presidente, Emilio Teixeira; vice-presidente, Raphael Vinha; secretario, João do Rego; thesoureiro, Seraphim dos Santos; captain, Hugo Maracine; fiscal, Fernando U.

Esta novel sociedade tem o seu campo no Bosque da Saúde.

No mês seguinte a sua fundação, em 06 de outubro, mais uma reunião, desta vez, para conferir títulos honorários e mudança de sede:

Foot-Ball
Realizou-se hontem reunião dos sócios da Associação Athletica Villa Mariana, na qual foram conferidos por

113

unanimidade de votos, os títulos, de presidente honorário ao coronel Jose Meirelles e sócio honorário ao capitão Francisco Pamplona.

Na mesma reunião foi resolvido que a sede desta associação será na sede da Sociedade Paulista de Tiro ao Alvo, em Villa Mariana, gentilmente cedida pelo sr. Coronel José Meirelles.

Correio Paulistano, 17 SET 1904 e 07 OUT 1904.

* * *

SPORT CLUB VISCONDE DO RIO BRANCO

Fundação: Outubro de 1904
Cidade: São Paulo

Fundou-se desta capital mais uma sociedade de foot-ball.

O novo club recebeu o nome de Sport Club Visconde do Rio Branco.

A sua primeira directoria está assim organizada:

Presidente, Raphael Stampacchis; secretario, Emilio Jovino; captain, Ignácio Castello; vice-capitain Bragio Spina; thesoureiro, José Morção; fiscal, Octavio Jovino.

Correio Paulistano, 07 OUT 1904.

* * *

ASSOCIAÇÃO ATHLETICA MOCIDADE

Fundação: Outubro de 1904
Cidade: São Paulo

Com a denominação de Associação Athletica Mocidade, formou-se nesta capital mais uma sociedade de foot-ball.

A sua primeira directoria ficou assim constituida:

Presidente, sr. Paulo F. Fortes; vice-presidente, sr. Carlos F. Fortes; secretario, sr. Paulo de Castro; thesoureiro, sr. Jorge Monteiro; captain, sr. João Trindade; vice-captain, sr. Alvaro Leite; fiscal, sr. Augusto de Campos.

O uniforme desta novel sociedade será calção branco, blusa branca com faixa vermelha.

Correio Paulistano, 21 OUT 1904.

SPORT CLUB SANTA ROSÁLIA

(FORTALEZA FOOT-BALL CLUB, FORTALEZA CLUB)
Fundação: 7 de Novembro de 1904
Cidade: Sorocaba

Fundado por Nicolau Parella e Romano Biazoli, ambos funcionários das indústrias têxteis Santa Rosália, tendo como cores o verde e o branco. Já com o novo nome "Fortaleza", dois anos depois de fundado, fez fusão com Sport Club Floresta, permanecendo o nome Fortaleza Foot-Ball Club. Na década de 20 muda sua denominação para Fortaleza Club, adotando as cores vermelho, preto e branco.

Em 1940, o empresário Severino Pereira da Silva assumiu a administração da empresa e em 1942, inaugurou o seu próprio estádio de nome Estádio Severino Pereira da Silva.

Em 1970 o clube extinguiu seu departamento de futebol e a especulação imobiliária deu fim ao estádio e sede social.

Blog História do Futebol < http://cacellain.com.br/blog?p=56221 >

***

INTERNACIONAL ATHLETIC CLUB

Fundação: 15 de Novembro de 1904
Cidade: Santos

Este club, installado em 4 de agosto próximo passado, em Santos, ficou definitivamente fundado em 15 de novembro, dia em que foram approvados os seus estatutos, em em 15 do mez passado elegeu a sua directoria que tomou posse em 31 de janeiro ficando assim constituída:

Presidente honorário, Julio Conceição; presidente, Alfredo Rebello; vice-presidente, João Costa; 1º secretario, Francisco H. da Rosa; 2º secretario, Sergio de Andrade; Administrador-thesoureiro, Arthur Caccavoni; inspector geral, Antonio Militão Azevedo Junior; 1º auxiliar, Olympio Lima; 2º auxiliar, João Paim; 1º director fiscal, Deocleciano Costa; 2º director fiscal, Manoel J. Dias; 3º director fiscal, Caetano Nicodemos; 4º director fiscal, Mozor Couto; director do tiro ao alvo, Camillo Glacca; director de patinação, Foto Hercolano.

O Commercio de São Paulo, 10 Fev 1905.

ASSOCIAÇÃO ATHLETICA GERALDO DE TOLEDO

Fundação: Novembro de 1904
Cidade: São Paulo

Com a denominação de Associação Athletica Geraldo de Toledo, organizou-se nesta capital, no bairro do Braz, uma sociedade para o desenvolvimento do foot-ball.

A sua primeira directoria é assim organizada: Presidente, Arnaldo R. Pensado; vice-presidente, Carvalho Machado; 1º secretario, Octavio de Paula; 2º secretario, Cyro Ramos; 1º thesoureiro, Antonio Ribas; 2º thesoureiro, Fernando Soares; captain, Armando Gomes; vice-captain, Attilio Vighg; fiscal, Augusto Silveira; procurador, Deodato Mello.

Correio Paulistano, 20 Nov 1904.

***

SPORT-CLUB VERA CRUZ

Fundação: 20 de Novembro de 1904
Cidade: São Paulo

Fundou-se nesta capital, no dia 20 do corrente, um club sportivo, com a denominação de Sport-Club Vera Cruz, ficando a directoria provisória assim constituída:

Presidente, João Domingues Oliveira;
Vice-presidente, Carlos Lima;
Thesoureiro, Ricardo Rodrigues;
Secretario, Flavio Moraes;
Procurador, João O. Cunha;
Fiscal, José Bueno.

O Commercio de São Paulo, 25 Nov 1904.

***

SPORT CLUB SANTOS DUMONT

Fundação: Novembro de 1904
Cidade: São Paulo

Com a denominação supra, formou-se nesta capital mais uma sociedade para o desenvolvimento do foot-ball.

A sua primeira directoria ficou assim organizada:
Presidente, Diderot Goulart;
Vice-presidente, José Garcia;
Secretario, Antonio Joaquim Ribas;
Thesoureiro Carmello Méa;
Captain, Dalvino Goulart;
Fiscal, Antonio Minhoca.

Correio Paulistano, 29 NOV 1904.

***

INTERNACIONAL FOOT-BALL CLUB
Fundação: Dezembro de 1904
Cidade: São Paulo

Com a denominação de Internacional Foot-ball Club, formou-se nesta capital mais uma sociedade destinada ao foot-ball.

A sua primeira directoria ficou assim constituida: Presidente, sr. Jorge Worms; vice-presidente, Roberto Ultimann; captain, sr. Haym; vice-captain, sr. Eduardo Mesquita; secretario, sr. Manuel Uchôa; fiscal, sr. Lucio Vasconcellos; juiz, sr. Adrovam Dias.

Correio Paulistano, 16 DEZ 1904.

***

GREMIO RECREATIVO UNIÃO PAULISTA
Fundação: Dezembro de 1904
Cidade: São Paulo

- Fundou-se nesta capital mais uma sociedade que receu aquelle nome. A sua directoria ficou assim constituida: presidente, vice-presidente, 1º secretario, 2 º secretario, 1º e 2º thesoureiros, Antonio P. Wolf, Antonio M. Briit, João C. de Oliveira, Jorge de M. Cordeiro, Antonio de C. Gomes e José Maria.

O Commercio de São Paulo, 20 DEZ 1904.

***

CLUBE ATHLETICO CHAPELEIROS

Fundação: 1905
Cidade: Sorocaba

O clube surgiu representando a fábrica de chapéus Souza Pereira, que durou menos de uma década, dando lugar ao Sorocaba Athletic Club, atual Esporte Clube São Bento.

Campeões do Futebol < http://www.campeoesdofutebol.com.br >.

* * *

SPORT CLUB BOTUCATUENSE

Fundação: Dezembro 1904 ou Janeiro 1905
Cidade: Botucatu

Nenhuma prática esportiva foi tão marcante para a cidade quanto o futebol. Registros históricos apontam o ano de 1.904 como o da chegada da novidade à terra dos bons ares. Na ocasião, um grupo de moços que estudavam na capital, veio passar as férias de fim de ano em Botucatu e em meio a bagagem trouxeram bolas, uniforme e todo o entusiasmo que a nova modalidade esportiva despertava. Logo a cidade se apaixonava pelo futebol. O primeiro campo foi construído na Praça Dom Luís de Sant' Ana, onde hoje está erguida a Catedral Metropolitana.

Terminadas as férias, os estudantes regressaram à Capital e, o Cirurgião Dentista Leonard Yancey Jones, um grande entusiasta pela nova paixão, ficou com as bolas, manteve as traves e convocou os moços residentes para formarem o primeiro time de futebol da cidade. Com número suficiente de atletas constitui-se o Sport Club Botucatuense.

O Sport Club disputou sua última partida em meados de 1.915. É um clube extinto.

A.A. Botucatuense <
http://www.aabotucatuense.com.br/_2009/historia.html >.
Campeões do Futebol < http://www.campeoesdofutebol.com.br >.

* * *

SPORT CLUB AYMORÉS

Fundação: Março ou Abril 1905

Cidade: Limeira

Grande tem sido o enthusiasmo que anima os dois clubes de foot-ball há pouco fundados entre nós, com as denominações: "Limeira Foot-Ball Club" e "Sport Club Aymorés".

No domingo passado (24 Abril) as duas associações, reunidas no ground da primeira, empenharam-se em um disputado match-training, que terminou pelo empate, ficando para domingo próximo a solução final.

Correio Paulistano, 02 Mai 1905 (Limeira – Do correspondente, em 27 do mez findo).

***

LIMEIRA FOOT-BALL CLUB
Fundação: Março ou Abril de 1905
Cidade: Limeira

Sobre a inauguração do clube foi dada a seguinte notícia no Correio Paulistano do mês de abril de 1905:

Realizou-se, no dia 6 do corrente, ás 8 horas da noite, sob a presidência do sr. dr. José Botelho Velloso, a reunião dos sócios do Limeira Foot-Ball Club, com o fim de discutir assumptos que interessam a sociedade.

Foram tomadas approvadas as seguintes resoluções:

Nomeações de novos fiscaes e juiz do club; determinação da época e dia para a inauguração do mesmo; organização do programma para os festejos inauguraes; prohibição da entrada de pessoas estranhas ao campo do jogo, etc.

Foram nomeados: juiz, o sr. Carlos de Camargo; fiscal o sr. tenente Octaviano José Rodrigues.

Ficou determinado o dia 24 de junho para a inauguração.

Só que a inauguração não ocorreu na data citada acima. Foi quase dois meses depois, em setembro, como segue:

Esteve concorridíssima a festa inaugural do Limeira Foot-Ball Club, realizada a 7 do corrente.

119

Sobre a inauguração do Limeira, ocorrida em conjunto com as festividades da independência, o Correio Paulistano publicou:

Mais uma vez a gloriosa data de 7 de setembro teve em Limeira consagração condigna, uma apotheose brilhante que há de perdurar em todos os corações que se extasiaram com os encantos das solennidades cívicas.

Coube ao Limeira Foot-ball Club, sob a direcção do seu presidente, dr. José Botelho Velloso, e fortemente coadjuvado pelo capitão Flaminio Augusto de Toledo Barros, intendente municipal, levar a effeito as festividades do dia.

E o Limeira Foot-ball Club, pelo esforço do seu presidente, sócios e do capitão intendente, conquistou a palma da victoria, ostentando ao povo limeirense uma festa commemorativa que superou a todas passadas, pelo brilho e animação.

Pela madrugada do dia 7, no romper dalva e no troar duma bateria de vinte e um tiros, a banda musical do professor Xixirry tocou em frente ao paço municipal, assim como faz, ao alvorecer de todos os dias de festa nacional.

A' tarde, o povo em grandes bandos se dirigia ao alto da cidade, onde fica o ground do Limeira Foot-ball Club, que estava áquella hora garridamente enfeitado de arcos, galhardetes, bandeirollas e caprichosos pavilhões, offerecendo tudo um aspecto encantador.

A's 4 horas em ponto, deu-se começo ás festividades do distractivo programma.

Ao içar o pavilhão nacional no grande mastro, caprichosamente enfeitado, etroou os ares uma salva de vinte um tiros, ao fundo do ground, num bosque fronteiro, clarins tocavam continencia emquanto a banda Xixirry executava o Hymno Nacional.

(...) A's 9 horas dissolveu-se o préstito em frente ao grupo, depois de ter orado num vibrante e conceituado discurso o academico Sebastião Sampaio, redactor do Limeirense.

Assim terminaram as imponentes festividades que consagraram a grande data que relembra a nossa libertação nacional.

Parabens, pois, aos seus esforçados promotores.

Ainda, sobre a fundação do clube, foi noticiado no Correio Paulistano de 02 de maio de 1905:

Grande tem sido o enthusiasmo que anima os dois clubes de foot-ball há pouco fundados entre nós, com as denominações: "Limeira Foot-Ball Club" e "Sport Club Aymorés".

No domingo passado (24 Abril) as duas associações, reunidas no ground da primeira, empenharam-se em um disputado match-training, que terminou pelo empate, ficando para domingo proximo a solução final.

Fonte:

Correio Paulistano, 10 ABR 1905; 02 MAI (Limeira - Do correspondente, em 27 do mez findo); 12 e 14 SET 1905.

***

ATHLETICO CLUB DOS ESTUDANTES

Fundação: Janeiro de 1905

Cidade: São Paulo

Com o nome de Athletico Club dos Estudantes, fundou-se nesta capital mais um club de foot-ball, ficando a sua directoria assim organizada:

Presidente, Francisco Vaz de Toledo;

Vice-presidente, Octavio Azambuja;

Secretario, Armando Carvalho;

Thesoureiro, Arthur Vaz de Almeida;

Fiscal, Marino Azambuja;

Segundo fiscal, Mauro Azambuja.

Correio Paulistano, 22 JAN 1905.

***

FOOT BALL CLUB MACEDO SOARES

Fundação: Junho de 1905

Cidade: São Paulo

Fundou-se nesta capital mais um club sportivo denominado Foot Ball Club Macedo Soares.

O Commercio de São Paulo, 10 JUN 1905.

* * *

SPORT CLUB SÃO PAULO TEAM

Fundação: Julho 1905
Cidade: São Paulo

Nesta capital fundou-se mais um club de foot-ball, denominado Sport-Club S. Paulo Team.

O Commercio de São Paulo, 20 JUL 1905.

* * *

ASSOCIAÇÃO ATHLETICA SANTO ANTONIO

Fundação: Agosto 1905
Cidade: São Paulo

Com a denominação supra, fundou-se nesta capital mais uma sociedade para o exercício de foot-ball, estando a sua primeira directoria assim organizada:

Presidente, sr. Antonio Mauro; thesoureiro, sr. Raphael Pertanti; primeiro secretario, sr. Rosario Bruno; segundo secretario, sr. Arnoldo Restelli; primeiro captain, sr. Braz Marquezano; segundo captain, sr. Carlos Canto; primeiro fiscal, sr. Miguel Marquezano; segundo fiscal, sr. Manuel da Silva.

Correio Paulistano, 03 AGO 1905.

* * *

CLUB ATHLETICO D'ARAGONA

Fundação: Agosto 1905
Cidade: São Paulo

Com o nome acima fundou-se hontem, nesta capital, mais um club de foot-ball.

A directoria ficou assim constituída: presidente, Carmo D'Arena Liguor; vice-presidente, Raphael Mattarazzo;

122

thesoureiro, Francisco Guilherme; 1º secretario, Jose de Barros.

A sede provisória é a rua 25 de março, 31.

Os trainnings começarão no dia 1º de setembro.

O Commercio de São Paulo, 07 AGO 1905.

***

SPORT CLUB COLOMBO

Fundação: Setembro de 1905

Cidade: São Paulo

Fundou-se nesta capital mais um club de foot-ball, denominado Sport Club Colombo.

A sua primeira directoria, que funcionará no Lyceu do Sagrado Coração de Jesus, está assim organisada: presidente, sr. José P.; captain, sr. Albino dos Santos; thesoureiro, sr. Mario Costa; secretario, sr. José Martins; fiscal, sr. Américo Pessine.

O Commercio de São Paulo, 22 SET 1905.

***

SÃO PAULO EDEN CLUB

Fundação: Outubro de 1905

Cidade: São Paulo

Fundou-se nesta capital mais um club de foot-ball denominado S. Paulo Eden Club, ficando a primeira directoria assim constituída:

Presidente, sr. Joaquim F. dos Santos; secretario, sr. Ricardo Pessina; thesoureiro, sr. Américo Pessina; captain, sr. Antonio Pacheco; fiscal, sr. Antonio Camera.

A sede da nova sociedade funcciona á rua Duque de Caxias, n. 111.

O Commercio de São Paulo, 04 OUT 1905.

***

ASSOCIAÇÃO ATHLETICA ANGELICA

Fundação: Outubro de 1905

Cidade: São Paulo

Com este nome, fundou-se nesta capital mais uma sociedade sportiva, cujo fim é desenvolver o jogo de foot-ball.

A sua directoria ficou assim constituída:

Presidente, sr. Antenor Guimarães; vice-presidente, Avary Cruz; secretario, sr. Pedro Silva; thesoureiro, sr. Afrodizio Camargo; fiscal, sr. José Neiva; procurado, Sr. Antonio do Amaral; captain, sr. Jayme Xavier, vice-captain, sr. Juvenal Guimarães.

O Commercio de São Paulo, Seção Foot-Ball, 07 OUT 1905.

* * *

EDEN CLUB BRASIL

Fundação: Dezembro de 1905
Cidade: São Paulo

Com esta denominação, fundou-se nesta capital mais um novo club de foot-ball, ficando a sua directoria assim composta:

Presidente, Oscar Veridiano; vice-presidente, Vicente Mello; captain geral, Augusto de Campos; thesoureiro, Raphael Farina; fiscal de campo, Fernando Guastini; secretario, Joaquim Martins; captain do 2º team, Affonso Vieira.

O Commercio de São Paulo, 29 DEZ 1905.

* * *

SOCIEDADE RECREATIVA LORENENSE

Fundação: Fevereiro de 1906
Cidade: Lorena

Foi organisada uma sociedade recreativa com o titulo Sociedade Recreativa Lorenense, ficando a sua primeira directoria assim constituída: presidente, Rufino dos Santos Oliveira; vice-presidente, João Corrêa de Faria; 1º secretario, José Mauricio Braga; 2º secretario, Virgilio Verneci de Almeida Avellar; thesoureiro, Domingos Dias Lourençi; fiscal, Carlos Augusto da Cruz; procurador, Carlos Nolasco de Carvalho.

O Commercio de São Paulo, 13 FEV 1906.

ASSOCIAÇÃO ATHLETICA UNIÃO INFANTIL
Fundação: Março ou Abril 1906
Cidade: São Paulo

Com a denominação de Associação Athletica União Infantil, formou-se nesta capital uma sociedade para o desenvolvimento do football. A sua primeira directoria ficou assim constituida:

Presidente, sr. Manuel Teixeira Junior; secretario, sr. Boaventura dos A. Ribeiro; thesoureiro, sr. Glauco Mantovani; 1º captain, sr. José Gravonsky; 2º captain, sr. Alfredo Borges; fiscal, sr. Ernesto Dazizi.

Correio Paulistano, 02 ABR 1906.

***

SPORT CLUB BARÃO DE TATUHY
Fundação: Abril 1906
Cidade: São Paulo

Fundou-se nesta capital uma associação denominada Sport Club "Barão de Tatuhy", dedicada ao jogo de foot-ball.

A sua directoria ficou assim constituída:

Presidente: Raul Camargo Alencar; vice-presidente, Paulo Affonso de Azevedo; 1º secretario, Carlos de Sousa Pereira; 2º secretario, Antonio Pontes Bueno; thesoureiro, José Cesar de Carvalho; captain, José Roberto Collet e Silva; vice-captain, Eugenio Margarido.

O Commercio de São Paulo, 09 ABR 1906.

***

ANHANGÁS FOOT-BALL CLUB
Fundação: Maio de 1906
Cidade: Rio Claro

Segundo registros históricos foi o terceiro clube para a prática do futebol na cidade. Foi fundado por moradores do bairro Cidade Nova e, principalmente, por funcionários da Companhia Paulista de Estradas de Ferro e seus familiares, tendo como seus principais idealizadores Santo Marconi,

125

Bernardino Brandão, Miguel Ângelo Brandoleze, Venâncio Chaves, dentre outros.

Sua extinção ocorreu provavelmente em 1908 devido seus jogadores estarem vinculados a outros clubes.

Curiosidade: Anhangás, na língua indígena, significa "veado branco com galhadas e pêlos também brancos".

Fontes:
    Campeões do Futebol < http://www.campeoesdofutebol.com.br >.
    CAMPOS, Maria Teresa de Arruda. SOTERO, José Roberto.
Futebol Amador e Varzeano em Rio Claro. Panda Pix. 1ª Edição. 2004.

***

SPORT CLUB INTERNACIONAL
(ASSOCIAÇÃO ATLÉTICA INTERNACIONAL)
Fundação: 11 de Junho de 1906
Website: http://www.interbebedouro.com.br/
(desativado)
Endereço: Rua Mauro de Abreu Izique, 330- Jd. Casagrande.
Cidade: Bebedouro

Oriundo do Foot Ball Club Internacional de Bebedouro, o Sport Club Internacional passou a carregar o nome que ostenta atualmente em 1920.

Em 1920 surge o escudo atual, utilizando as cores vermelho e branco, com a mesma forma e as mesmas cores. Apresenta ao centro a abreviatura do nome oficial AAI – Associação Atlética Internacional – e abaixo do nome o ano da fundação 1906. O nome, as duas cores e a forma do escudo foram escolhidos para simbolizar uma história que for marcada pela garra e pelo sucesso que nasceram da vontade dos esportistas fundadores do clube.

Em 1921 inaugurou na rua Valin uma praça de esportes onde recebia seus adversários até 1990. Três anos depois o clube se filiou à Associação Paulista dos Sports Athleticos. Em 1924, começou a participar de competições amadoras, fase que durou até 1947. Durante este período, a Associação Atlética Internacional acumulou números expressivos, foram 310 jogos intermunicipais, 32 interestaduais, 36 contra equipes da capital paulista e três contra times do exterior (todos contra o Peñarol, do Uruguai).

Em 1948, o clube ingressou nas competições profissionais do futebol paulista.

Seu principal título foi o da Série Pecuária do Campeonato Paulista de 1956. Porém, em um quadrangular contra equipes vencedoras de outras séries, o time de Bebedouro não conseguiu chegar à elite do futebol no estado.

A.A. Internacional < http://www.interbebedouro.com.br >.

***

CLUBE ATHLÉTICO YPIRANGA
Fundação: 10 de Julho de 1906
Website: http://www.cay.com.br/
Endereço: Rua do Manifesto, 475
Bairro Ipiranga
Cidade: São Paulo

Um grupo de jovens dissidentes do S.C. Germânia, hoje E. C. Pinheiros se uniram a outros rapazes, uns do Vitória A.C., outros do G.D.R. Internacional para fundar o Clube Athletico Ypiranga.

A primeira reunião do Clube aconteceu na residência de Manoel Augusto Marques, à Rua Sete de Abril, em que foi eleita a seguinte Diretoria:

Presidente: Antonio Geraldo de Freitas;
Vice-presidente: José Mota;
Primeiro Secretário: Alberto Travoglio;
Segundo Secretário: Edgard Messemberg;
Primeiro Tesoureiro: Albino C. Pinheiro;
Segundo Tesoureiro: Nicolau Avelardi;
Mestre Sala: Carlos Porto;
Diretores Esportivos: Ricardo Thiele, Alfredo Thiele e Joaquim Antunes.

A primeira sede social do Ypiranga ficava em uma sala do prédio da Casa Lebre um estabelecimento comercial da época localizada no cruzamento da Rua Direita com a Rua XV de Novembro, no centro de São Paulo.

Ao longo dos primeiros anos de fundação, o futebol do Ypiranga se destacou tanto que em 1909, a diretoria presidida por Adolfo Wellische decidiu que o Clube ingressaria na Liga Paulista de Football. Outros dois clubes, o Sport Club Savoia, de Votorantim, e a Associação Athletica Villa Buarque, da Capital, também lançaram sua candidatura à vaga então existente, o que implicou na realização de um torneio de classificação em 1910. Foi feliz o Ipiranga, pois em 21 de abril vencia o Villa Buarque por 5 a 1 e em 24 do mesmo mês se impunha ao Savoia por 4 a 2.

A primeira equipe que disputou o Campeonato Paulista de 1910 defendendo as tradicionais cores ypiranguistas era composta por Constantino, Marques e Pelegrino, Watzke, Ricardo Thiele e Arnaldo Amphilóquio, Gaeda, Alfredo Thiele, Aguiar e Pedro Paulo. Neste ano recebeu o apelido de "Benjamim", por ser a mais nova agremiação do torneio. Com o tempo, todos os participantes da competição deste ano desistiram do futebol, tornando-se o CAY conhecido por "Vovô", por ser o mais antigo nas disputas oficiais do futebol paulista.

Sua estréia foi no dia 3 de maio, quando enfrentou a A.A. das Palmeiras, perdendo pelo placar de 4 a 1. Nesta competição, em que todos os clubes pertenciam à cidade de São Paulo, o Ypiranga disputou um total de 10 partidas, vencendo apenas uma, perdeu sete e empatou duas, fez 11 gols e sofreu 32, terminando na penúltima colocação entre seis participantes, à frente apenas do Sport Club Germania, com quatro pontos ganhos.

Campanha do Ypiranga no Paulistão de 1910:
03/05- 1 x 4 AA das Palmeiras
15/05- 1 x 2 São Paulo Athletic
22/05- 1 x 4 Paulistano
19/06- 0 x 4 Americano
07/08- 0 x 8 AA das Palmeiras
21/08- 2 x 2 Paulistano

23/10- 1 x 0 Germania
30/10- 2 x 4 Americano
13/11- 2 x 2 Germania
20/11- 1 x 2 São Paulo Athletic

O primeiro estádio do clube, batizado de "Campo do Ypiranga", que ficava localizado na Água Branca, foi inaugurado em 22 de dezembro de 1918, com uma partida entre CAY x Palmeiras.

Sede do Parque Sacomã. Foto: www.cay.com.br

Antes de fixar sede no bairro que lhe empresta o nome, o C.A. Ypiranga fez ligação com os bairros da Água Branca e Penha. A partir da fusão do Clube com o Nacional, Independência, Silex e América, em meados de 1929, o CAY muda-se definitivamente para o bairro do Ipiranga e ganha o apelido de "Vovô da Colina Histórica". No bairro histórico, o CAY funcionou no Parque do Sacoman, ruas Tabor, Silva Bueno, Patriotas e Xavier Curado e finalmente se instalou na atual sede da rua do Manifesto.

Estabelecida no endereço da rua Bom Pastor, n° 3.000, a sede do Parque do Sacoman, era constituída por uma casa em estilo colonial, campo de futebol e uma quadra esportiva.

O terreno também era servido por uma lagoa, formada pelo represamento do Córrego dos Moinhos. Ao lado da margem havia um atracadouro para barcos. Anos mais tarde foram construídas quadras para prática de vôlei e hóquei sobre patins e pistas de atletismo, com tanque para saltos.

Neste local eram desenvolvidas diversas atividades desportivas, além da tradicional equipe de Futebol havia também times de Basquete (masculino e feminino), Vôlei, Natação e Handball, Hóquei sobre Patins, Atletismo, Futebol de Salão, Bocha, Boxe e Tênis de Mesa.

Nos anos de 1948, 49 e 50 o time de futebol do Ypiranga conquistou o título de tri-campeão Paulista de Futebol na categoria juvenil. Nesta época, o departamento de esportes da sede do Parque do Sacoman, era reforçado por grandes atletas de diversas modalidades, entre os destaques estão: os irmãos Clemente, no basquete e natação; Noemia, Anésia e Yolanda no basquete; Vidal e Dototy no vôlei; Wanda dos Santos no Atletismo; Silvio e Caçila no futebol de salão; Elizabet Hetenlocher, campeã em diversas competições de natação e Geraldo Pisani, campeão Sulameircano de Tênis de Mesa.

A década de 50 foi um divisor de águas para a saga Ypiranguista. No ano de 1953, o CAY foi despejado do Parque do Sacoman - por meio de uma ação judicial movida pela família proprietária do terreno. Após o episódio, mudou-se para duas salas cedidas pelo CDR São José.

Sem sede, o clube passou a sofrer com o êxodo dos associados, ficando reduzido aos 118 abnegados – grupo de associados que se uniram e decidiram bancar as despesas do Clube. E, na tentativa de salvar a equipe de futebol profissional, foi feita a fusão entre o Corinthians de Santo André e o CAY. Porém, em 1958 disputou o último Campeonato Paulista que encerrou, definitivamente, as atividades do futebol, ficando somente com os esportes amadores.

No início da década de 60, o então presidente Mário Telles com a ajuda da família Jafet, adquiriu o terreno da atual sede, na rua do Manifesto, 475.

Apesar de longe do futebol profissional o Ypiranga possui uma rica história que o mantém bastante presente nas lembranças dos amantes da modalidade e do esporte em geral. No CAY, por exemplo, jogou o grande Friendereich, artilheiro pelo clube, do campeonato paulista de 1914 e 1917 quando marcou, respectivamente, 12 e 15 gols. Além dele, outros três ypiranguistas alcançaram este posto: Figueiredo, em 1935, com 19 gols, Peixe, em 1940, com 21 e Cilas, em 1948, com 19.

O Ypiranga, por muito tempo, foi uma das principais forças do futebol paulista e, embora o troféu de campeão estadual nunca ter sido conquistado, as segundas colocações em 1913, 1935 e 1936 destacam a trajetória construída pelo Vovô da Colina, desde os tempos de sua fundação.

O clube conquistou dois Torneios Inícios do Paulistão, em 1948 e 1950.

A despedida do Campeonato Paulista foi em 14 de dezembro de 1958, num empate por 3 a 3 com o Jabaquara.

Fontes:
C.A. Ypiranga < http://www.cay.com.br >.
Revista do C.A. Ypiranga, Edição 164, Março/Maio/2013.
Campeões do Futebol < http://www.campeoesdofutebol.com.br >.

* * *

SPORT CLUB JACAREHYENSE
Fundação: 15 de Julho de 1906
Cidade: Jacarehy
- O Ideal Club Foot Ball e o Velo Jacarehyense fundiram-se, em sessão de 15 do corrente, num importante club sportivo com a denominação de Sport Club Jacarehyense.
Correio Paulistano, 24 JUL 1906.

* * *

QUATRO DE AGOSTO
Fundação: Agosto de 1906

Cidade: São Paulo

Fundou-se na Villa de S. Bernardo um club com a denominação de Club Quatro de Agosto e em reunião effectuada no dia 12 do corrente foi eleita a seguinte Directoria: Para presidente o sr. Antonio Branco Rodrigues Junior, para vice-presidente o sr. Luiz Adolpho Meyer, para 1º secretario o sr. Joaquim Lopes da Silva, para 2º secretario o sr. João Baptista Brasiliano, para 1º thesoureiro o sr. Gustavo Prugner, para 2º thesoureiro o sr. Primo Modolini, para inspector geral o sr. Vicente de Angelo.

A primeira partida effectuou-se no dia 4 deste mez com grande concorrência de sócios e respectivas famílias.

Correio Paulistano, 15 AGO 1906.

* * *

SPORT CLUB GUARANY

Fundação: 26 de Setembro de 1906
Cidade: São Paulo

Sob a denominação de Sport Club Guarany fundou-se ante hontem, nesta capital, mais um club sportivo, com o fim de impulsionar o foot-ball.

É a seguinte a sua directoria:
Presidente, Getulio Estevam;
Vice-presidente, Antonio Macedo;
1º secretario, Arlindo Silva;
2º secretario, Livio Rodrigues;
Captain, Sebastião Medeiros;
Fiscal, Nicola Medeiros;
Juiz, Antonio Dionysio.

Commercio de São Paulo, 27 SET 1906.
Correio Paulistano, 29 SET 1906.

* * *

JUPITER CLUB

Fundação: Setembro de 1906
Cidade: São Paulo

Com a denominação de Jupiter Club fundou-se nesta cidade uma nova sociedade recreativa que promovera todo o gênero de diversões como sejará danças, esgrima, tiro ao alvo e outros sports.

O novo club tem a sua sede no palacete sito na avenida General Osorio, esquina da praça da Republica.

Commercio de São Paulo, 30 SET 1906

***

ATLETICA PAULISTA
Fundação: Outubro de 1906
Cidade: São Paulo

Com a denominação de "Atletica Paulista" fundou-se nesta capital mais uma associação destinado ao desenvolvimento dos jogos sportivos, entre os quaes o de Foot Ball. É a seguinte a sua directoria:

Durval Borba, presidente; Nestor de Faria Lemos, 1º secretario; Accacio Vasconcelos Camargo, 2º secretario; Carivaldo Machado, thesoureiro; Anselmo de Sá Franco, procurador; Clemente de Oliveira, 1º fiscal; Ernesto Mugean, 2º fiscal.

Commercio de São Paulo, 10 OUT 1906.

***

ESTRELLA BELLA CINTRA
Fundação: Outubro de 1906
Cidade: São Paulo

Com a denominação de "Estrella Bella Cintra", fundou-se nesta capital mais uma sociedade para a propaganda do dello Sport Inglez football, ficando assim constituída a 1ª directoria:

Presidente, Manoel F. de Barros Junior; vice-presidente, José M. Ferreira Felix; secretario, João Morvilho; thesoureiro, Vicente Morvilho; 1º captain, Francisco Belloganti; 2º captain, Manduca Bellézardi; 1º fiscal, Onofre Garcia.

Commercio de São Paulo, 10 OUT 1906.

***

133

CAIXERAL FOOT-BALL CLUB
Fundação: 14 de Outubro de 1906
Cidade: Taubaté

Realizou-se domingo ultimo, na Associação dos Empregados no Commercio, a eleição da primeira directoria do Caixeral Foot-Ball Club, recentemente fundado nesta cidade.

Foi eleita a directoria seguinte: Presidente, João Carlos de Moura Andrade; vice-presidente, Paulo Camilher de Sá; 1.º secretario, Ângelo Rodrigues Patto; 2.º secretario, Adelino Figueiredo Pinto; thesoureiro, Manuel Fernandes Filho; 1.º captain, Hilário Lopes; 2.º captain, Cícero José Peixoto.

Correio Paulistano, 21 OUT 1906, "Dos jornais Chegados Hontem".

***

SPORT CLUB LIGHT AND POWER
Fundação: 20 de Outubro de 1906
Cidade: São Paulo

NOVO CLUB SPORTIVO
Deverá realisar-se hoje ás 7 horas da noite, uma reunião dos empregados da Light & Power, presidida por um dos directores da companhia, afim de fundar o Club Sportivo.

Segundo nos consta o sr. Walmaley, superintendente da Light, applaude muito esta Idea dos seus empregados.

Correio Paulistano, 20 OUT 1906.

FOOTBALL
Com o titulo de Sport Club Light and Power fundou-se hontem, nesta capital uma sociedade sportiva que tem a sua direcção organizada do seguinte modo:

Presidente, dr. A. de Borba;

Vice-presidente, dr. A. de Mendonça;

1º Thesoureiro, Clemente Hortáll;

2º Thesoureiro, Sr. Jotto Pamincio;

1º Mestre de gymnastica, Gustavo Schleiter;

2º Mestre de gymnastica, Frederico Schirrmeisler;

1º Secretario, J.K. Alt;

2º Secretario, Sr. Antonio Jordão;

1º Fiscal dos apparelhos gymnaticos, José Maria Godinho;
2º Fiscal dos apparelhos, Agostinho Ferro.

Correio Paulistano, 21 OUT 1906.

***

GRÊMIO RECREATIVO 7 DE NOVEMBRO
Fundação: Novembro de 1906
Cidade: São Paulo

Fundou-se nesta capital, mais uma sociedade recreativa com o título acima.

A sua primeira directoria, ficou assim constituída:

Presidente, Domingos Fortunato; vice-presidente, Gegorio Ex-come; 1º secretario, João Baffa; 2º secretario, Humberto Pugliose; thesoureiro, Antonio Dell Acqua; 1º mestre de sala, José de Souza Figueiredo; 2º mestre sala, José Barbosa; fiscal, Americo Della Santa; recebedor de contas, Cosntantino Morganti e Alfredo Salmoça; conselheiros, Alfredo Mariano e João Dias; e cobrador, Victorio Geraldo.

O Commercio de São Paulo, 10 NOV 1906.

***

IDEAL FOOT-BALL CLUB
Fundação: Novembro de 1906
Cidade: Campinas

Com a denominação Ideal Foot- Ball Club fundou-se, há dias, uma sociedade aqui.

O campo para o jogo fica próximo á Santa Casa de Misericórdia.

A inauguração deu-se domingo, á 3 horas da tarde.

O Commercio de São Paulo, Seção Éco dos Municípios, 06 DEZ 1906.

***

FOOT-BALL CLUBE BARRETENSE
Fundação: Março de 1907
Cidade: Barretos

A história do futebol em Barretos teve início em 1907, com a fundação em março daquele ano, do Foot-ball Clube Barretense. No mês seguinte, a agremiação promoveu o seu primeiro jogo, dividindo-se em duas equipes: Vermelho e Azul, para inaugurar o primeiro campo de futebol de Barretos, localizado na Rua dos Italianos, que mais tarde passaria a ser chamada de 24. As cores referem-se à própria equipe, já que não havia adversário para o primeiro jogo.

A equipe Vermelho formou com Rodolfo, Cícero e Artur: Gomes, Hermedes e Nonito: Tota, Luiz, Antenor, Mário e Nephitaly. A equipe Azul foi a campo com Olímpio, Abner e Amador; Gomes, Erasmo e Brito; João Sá, Mário, Pio, Garcia e José. Este match, realizado em 7 de abril, terminou em um gol para cada equipe.

Primeira Diretoria: Ataíde Andrade foi o primeiro presidente do Foot-ball Clube Barretense com Norberto de Oliveira ocupando o cargo de vice. Nos demais cargos, fizeram parte da diretoria, Mário de Oliveira (tesoureiro), Luiz Antônio de Oliveira (orador), Abner Borges (primeiro secretário), Olímpio Campos (segundo secretário), Nephtaly Souza (procurador), Procópio Westin (juiz), Adolfo Veloso (capitain) – sic e Rodolfo Sanos e João Gomes Ferreira (fiscais).

Em 1 de junho de 1909, o periódico Commercio de São Paulo noticiou uma partida entre o Barretense e o Internacional de Bebedouro, que terminou empatada em um gol:

FOOTBALL
Barretos versus Bebedouro

Por ocasião da inauguração da Estrada de Ferro que liga Bebedouro a Barretos, realisou-se nesta ultima cidade uma festa sportiva, encontrando-se um match de football as primeiras equipes do Barretense Foot-Ball Club e do Club Athletico Internacional, de Bebedouro.

Eram quatro e meia horas da tarde quando os dois teams entraram no Field, sob uma prolongada salva de palmas da numerosa assistência.

O Diário de Barretos < http://www.odiariodebarretos.com.br >.
Commercio de São Paulo, 01 de JUN 1909.

ASSOCIAÇÃO ATHLETICA SÃO PAULO

Fundação: 13 de Maio de 1907

Cidade: São Paulo

Com a denominação de A.A. São Paulo foi criada uma nova sociedade sportiva, que terá por base o desenvolvimento do foot-ball.

A sua primeira directoria ficou assim constituída:

Presidente, sr. Armando Vaz Pereira de Sousa;

Vice-presidente, sr. Renato César;

1º secretario, sr. Franklin Silva Jardim;

2º secretario, Fernando Camargo;

Thesoureiro, sr. Vivian Manger;

Fiscal do campo, sr. Walter von Kutzlebeu.

No dia 19 do corrente haverá reunião para a posse da directoria e leitura dos estatutos.

O Commercio de São Paulo, 15 MAI 1907.

O Correio Paulistano deu mais detlahes sobre a fundação do referido clube, como consta abaixo:

Com a denominação acima, fundou-se ante-hontem nesta capital uma associação que tem por fim desenvolver todos os sports, especialmente o foot-ball.

Em assembléa geral, presidida pelo sr. Francisco Nascimento Pinto Junior, secretariado pelos srs. Armando de Sousa e Walter Von Kutzleben, foram eleitos, os srs. Armando de Sousa, presidente; Renato Cesar, vice-dito; Franklin Silva Jardim, 1º secretario; Fernando de Camargo, 2º secretario; Vivian Mauger, thesoureiro; e Walter Von Kutzleben, fiscal de campo.

No dia 10 haverá nova reunião para a posse da directoria eleita e leitura dos estatutos.

Correio Paulistano, 15 MAI 1907.

* * *

CLUB DE REGATAS TIETÊ

Fundação: 6 de Junho de 1907

Endereço: Av. Santos Dumont, 843

Bairro da Ponte Pequena
Cidade: São Paulo

Sobre a reunião de fundação O Estado de São Paulo deu a seguinte nota em sua edição de 8 de junho de 1907:

"ROWING"

Realisou-se ante-hontem a annunciada assembléa de fundação do novo club de regatas com enorme concorrencia de socios.

Presidia a reunião o sr. Carlos Sardinha, secretariado pelos srs. Carlos Fonseca e Julio Ribeiro.

Por proposta do socio sr. O. Cox foi definitivamente escolhido o nome de Club de Regatas Tietê.

O Clube de Regatas Tietê foi fundado na sede do Sport Club Internacional, tendo já em 14 de julho de 1907 participado de regata em Santos. Em 29 de setembro de 1908 obteve a primeira vitória do remo paulista no Rio de Janeiro, vencendo o Páreo de Honra para canoas a dois remos. Em 17 de abril de 1935 fez fusão com o São Paulo F.C. (da Floresta), fundado em 1930, que passava por dificuldades devido ao início do profissionalismo e à infeliz compra de uma sede localizada no centro da cidade, no Palácio Trocadero, o que lhe trouxe problemas financeiros, dívidas extremamente altas, resultando o C.R. Tietê-São Paulo. Oito meses após, em 16 de dezembro, um grupo expressivo de são-paulinos desligou-se do clube inconformado com a fusão, para criar o São Paulo F.C. (do Morumbi). Em 31 de dezembro de 1936 foi efetuada nova fusão, desta vez com a Associação Athlética São Bento, fundada em 1913, e que havia abandonado o futebol, mas se mantinha de forma autônoma, sendo mantida a denominação C.R. Tietê-São Paulo, entretanto, em 1943 o clube voltou à denominação original, Cube de Regatas Tietê.

O Tietê foi um dos mais tradicionais clubes do Brasil. Na sua historia com mais de um século, participou com seus atletas de Olimpíadas e Pan-americanos. Sediou competições sul americanas, pré pan-americano e torneios das mais diversas modalidades esportivas e, em 1978, organizou e promoveu em suas instalações o maior campeonato noturno interclubes do mundo.

O C.R. Tietê funcionou até o fim de 2012, sendo extinto quando a concessão da área de sua sede, publicada em 1949, não foi renovada pela Prefeitura e o prazo liminar de três anos para que ele funcionasse no local foi encerrado. O clube acumulava dívidas de quase R$ 35 milhões e teve seu quadro de associados reduzido de 30 mil para pouco mais de um mil. Reabriu em 18 de outubro de 2014, mas como parque municipal, denominado Centro Esportivo e de Lazer Tietê, que ficou sob a gestão da Secretaria de Esportes e Lazer da Prefeitura de São Paulo.

Fontes:
O Remo através dos tempos 2ª edição, 2008, Henrique Licht;
Os clubes de futebol e o processo de urbanização e racionalização da cultura na região do rio Tietê (1889-1945), Renata Ferreira e Marco Antonio Bettine de Almeida.
O Estado de São Paulo, 08 JUN 1907.

***

CLUB ATHLETICO AMERICANO
Fundação: 21 de Julho de 1907
Cidade: São Paulo

Com esta denominação fundou-se hontem, nesta capital, mais uma sociedade, com fim de instruir e propagar todos os jogos e exercícios athleticos, baseando-se no foot-ball.

A sua primeira directoria hontem eleita ficou assim constituída:

Presidente, Durval Aranha;

Vice-presidente, Chiquito de Oliveira;

Thesoureiro, A. Camargo;

Secretario, W. Cruz;

Captain, Hugo Roela;

Vice-captain, 1º. Machado;

2º. Captain, Fernando Braslio.

Côres: verde e branco, sendo calça branca e camisa em listras verdes e brancas.

O primeiro team ficou assim constituído:
Leite
Marques – Machado
Durval – Camargo – Álvaro
Martinez – Chiquito – Hugo
Mario – Flexa

Correio Paulistano, 22 JUL 1907.

* * *

7 DE SETEMBRO FOOT-BALL CLUB

Fundação: 1907
Cidade: Rio Claro

O "Sete" foi o último clube formado antes de 1909 na cidade de Rio Claro. Este clube teve vida curta, não mais que dois anos. Em 1909 fundou-se o Rio Claro Football Club, e os jogadores do 7 de Setembro foram todos jogar no novo clube. Então, possivelmente em 1909, o 7 de Setembro acabava.

Este foi o primeiro 7 de Setembro, pois houve a fundação de outro clube com o mesmo nome em 1913.

TONINI, Marcel Diego. Monografia Ferrovia e futebol: o caso da Cia. Paulista de Estradas de Ferro na cidade de Rio Claro, 1870-1930.

* * *

BELLO HORIZONTE FOOT-BALL CLUB

Fundação: 17 de Agosto de 1907
Cidade: São Paulo

A Gazeta Esportiva, em agosto de 1930, noticiou:

"Bello Horizonte F.C. - Passa hoje o 23º aniversário do tradicional clube da Luz".

Foi nesta equipe que Amilcar Barbuy, ex-craque do Sport Club Corinthians Paulista, iniciou no futebol.

A Gazeta Esportiva, 17 AGO 1930.
Campeões do Futebol < http://www.campeoesdofutebol.com.br >.

* * *

CLUBE ATLÉTICO PIRASSUNUNGUENSE

Fundação: 7 de Setembro de 1907

Endereço: Rua Duque de Caxias, 1629
Cidade: Pirassununga

A primeira partida oficial do clube foi realizada em 23 de fevereiro de 1908, contra o Paulista de São Carlos, obtendo sua primeira vitória, por 2 a 1.

Apesar de fundado em 1907, o Pirassununguense estreou em competições oficiais apenas em 1918, quando jogou o campeonato paulista do interior.

No ano de 1950 disputa, pela primeira vez, o campeonato estadual da segunda divisão (atual Série A2), mas não passa da primeira fase. Desde então a equipe participa regularmente das competições oficiais da Federação Paulista de Futebol.

O clube manda suas partidas no estádio Bellarmino Del Nero onde recebeu seu maior público, no ano de 1978, em uma partida amistosa contra a S.E. Palmeiras, vencendo por 3 a 2, com a presença de aproximadamente oito mil pessoas.

Em mais de cem anos de história, o único título de expressão foi o campeonato paulista do interior de 1954.

Campeões do Futebol < http://www.campeoesdofutebol.com.br >.
Federação Paulista de Futebol < http://www.futebolpaulista.com.br >.

* * *

AMERICANO FOOT-BALL CLUB
Fundação: Setembro de 1907
Cidade: Campinas

- Com a denominação de Americano Foot-Ball Club, fundou-se nesta cidade mais um club para o desenvolvimento deste tão útil quanto agradavel Sport inglez.

A sua primeira directoria ficou composta dos seguintes senhores:

Presidente: capitão João Ribeiro;
Secretario: Eduardo Ferreira;
Thesoureiro: Bento Ribeiro;
Captain: Antonio Egydio;
Procurador: Jayme da Rocha;
Fiscal: Arthur Nascimento.

Correio Paulistano, 28 SET 1907 (Mala do interior).

FOOT-BALL CLUB QUINZE DE NOVEMBRO

Fundação: 15 de Novembro de 1907
Cidade: Município de Santa Bárbara

Revestiram-se de muito brilhantismo as festividades promovidas pelo Foot-Ball Quinze de Novembro, para commemorar o seu primeiro anniversario passado a 15 do corrente.

Às festividades promovidas em honra desse dia, constaram de um excellente "pic-nic", que se realizou na aprazível chácara do sr. Joaquim Pedroso, presidente dessa associação sportiva; de um match de foot-ball, á tarde, e de um concorridíssimo sarau dançante á noite.

Abrilhantou a todas as diversões a corporação musical "União Operaria", que veiu de Piracicaba, expressamente para esse fim.

O Foot-Ball Club Quinze de Novembro, festejando a data que rememora a sua fundação, inaugurou, no dia 15 do corrente, a banda "Quinze de Novembro", criada e mantida por essa associação sportiva. É regente da nova philarmonica o maestro sr. José Jacyntho Ribeiro.

O Correio Paulistano, 04 DEZ 1908, seção Mala do Interior (Do correspondente, em 26 do mez passado).

* * *

SÃO VICENTE ATHLETIC CLUB

Fundação: 1908
Cidade: São Vicente

Foi um dos fundadores da extinta Associação Santista de Esportes Atléticos em 21 de abril de 1917, entidade que era na época a dirigente do futebol amador de Santos e região.

Portal Novo Milênio <http://www.novomilenio.inf.br/santos/h0276o.htm>

* * *

SPORT CLUB PRIMAVERA

Fundação: 1908
Cidade: Indaiatuba

A primeira equipe da cidade, que desaparece um ano depois, em 1909. Não confundir com o Esporte Clube Primavera, fundado em 27 de janeiro de 1927.

Na foto abaixo o primeiro e talvez único registro da equipe no ano de sua extinção, composta pelos seguintes atletas e membros da diretoria:

Foto: <http://www.primaveradeindaiatuba.com.br/site/?page_id=73>

1ª fila: Desconhecido, Atílio Minioli e Liuz Coppini;

2ª fila: Ociano Minioli, Zuzuca Fonseca, Zé da Feliciana, Juvenal Fonseca, Luiz Laurenciano, João do Sul, Rafael Tancler e Ernesto Laurenciano;

3ª fila: Salvador Pinto, desconhecido, Antonio Soares, Nestor Ferreira Leite, Alfredo Camargo Fonseca, João Fermiano de Souza, Pedro Sargentelli e Afonso Tancler;

No chão: Rafael Bonito, Marcelo Filetti, Osvaldo, José Minioli e Julio Minioli.

E.C. Primavera < http://www.primaveradeindaiatuba.com.br >.
Campeões do Futebol < http://www.campeoesdofutebol.com.br >.

***

143

SMART

Fundação: 1908
Cidade: Dois Córregos

Um carregador de malas da estação da Cia. Paulista, de nome João Neguinho, certo dia na cidade de Limeira viu algumas pessoas jogando o futebol. Em seu retorno a Dois Córregos, e empolgado com o que havia presenciado, ele e seus amigos acabaram comprando uma bola de couro que era vendida em São Paulo.

Em Dois Córregos o futebol logo conquistou adeptos, mas as peladas necessitavam de um lugar próprio. Então o grupo se apossou de um terreno abandonado da rua 15 de Novembro, no lado direito de quem desce, e passaram a usar como campo. Entre os jogadores que ajudaram a preparar o campo estavam "Ico" Baush, Duílio Piva e seu primo Paschoal Pedro Piva. "Ico" Baush era um centroavante que se destacava tanto que mais tarde seria contratado por um time de Bauru.

Há indícios de que o segundo clube fundado em Dois Córregos tenha ocorrido em 1909. Nesse ano foi noticiado pela imprensa o início das "peladas" no antigo distrito de Santo Antônio da Figueira, hoje bairro de Guarapuã. Neste bairro eram promovidas partidas por Carlos Simões, Nenê Mesquita e Inácio Garcia Neto, que iriam resultar na organização de um "Club de Football" com o apoio do coronel Osório Pereira Garcia, vereador e chefe político residente no bairro.

Essa primeira equipe formada em Dois Córregos se chamava Smart, nome copiado de uma marca de calçado masculino fabricado na capital paulista e tido como chique naquela época. Foi extinto em 1918.

Fonte:
Almanaque de Dois Córregos. 1ª ed., 2009, Heusner Grael Tablas.

***

SPORT CLUB ESTRELLA DO OESTE

Fundação: Fevereiro de 1908
Cidade: Viradouro

- Devido á iniciativa de alguns moços residentes nesta localidade e amantes do Sport, temos o prazer de registas a fundação do Sport Club Estrella do Oeste, sympathica sociedade que tem por fim desenvolver não só o jogo, já tão nosso de foot-ball, como também outros exercícios, tão uteis ao desenvolvimento do organismo.

A primeira directoria ficou assim constituída:

Presidente, Antonio C. da Silveira; vice-presidente, capitão Raul Portugal; secretario, professor Liberalino de Oliveira; thesoureiro, Pedro Ovidio Barbosa; captain, Tomão Tormenau; cice-captain, tenente Nicanor Nogueira.

A' nova sociedade desejamos vida longa.

Correio Paulistano, 23 FEV 1908 (Seção Mala do Interior – Do correspondente, em data de 18).

* * *

ASSOCIAÇÃO ATHLECTICA SCIENCIAS E LETRAS

Fundação: Maio de 1908
Cidade: São Paulo

Com a denominação acima, organisou-se, entre os alumnos do Instituto Sciencias e Letras, mais uma sociedade sportiva.

Filiada desde já á "Liga Escolar de Foot-Ball", a novel associação facultará aos seus sócios, especialmente, o conhecido jogo inglês.

É a seguinte a sua primeira directoria:

Presidente, Raul Silva; vice-presidente, Romeu Petrocchi; 1º secretario, João Baptista; 2º secretario, Alvaro Queiroz; thesoureiro, Nestor Pedroso.

A sede será no Instituto.

O Commercio de São Paulo, 06 MAI 1908.

* * *

SPORT CLUB INTERNACIONAL

Fundação: Maio de 1908
Cidade: Palmeiras

Foi fundado nesta cidade, sob a denominação de "Sport Club Internacional" uma sociedade sportiva, que tratará especialmente do jogo do "Foot-Ball".

Correio Paulistano, 09 MAI 1908 (Mala do Interior, em data de 3).

***

GREMIO RECREATIVO DA LAPA
Fundação: 14 de Junho de 1908
Cidade: São Paulo

Com o titulo acima e por iniciativa dos srs. Antonio P. da Silva, Waldomiro de Oliveira e Ovídio Martins, fundou-se no domingo proximo passado, no bairro da Lapa, nesta capital, uma sociedade recreativa.

A sua primeira directoria ficou composta da seguinte forma:

Presidente, Antonio Pereira Marques; secretario William C. Holland; thesoureiro, Porphirio de Siqueira; procurador, Ladislau de Siqueira; commissão de syndicancia, Waldomiro de Oliveira, Antonio P. da Silva e Osvaldo Martins; mestre-sala, Vasco Rodella; fiscal, Antonio Graça.

Os seus ensaios terão logar nas segundas, terças, quartas e sabbados de cada mez, sendo as segundas-feiras, com damas, das 6 horas da tarde á meia-noite, no salão Leone.

O Commercio de São Paulo, 20 JUN 1908.

***

ASSOCIAÇÃO ATHLETICA DE AGUA BRANCA
Fundação: 20 de Julho de 1908
Cidade: São Paulo

No dia 20 de julho ultimo fundou-se nesta capital uma sociedade sportiva, que se dedicará ao jogo de "football", ficando assim constituída a sua primeira directoria:

Presidente, sr. José F. de Oliveira; Secretario, sr. João de Campos; Thesoureiro, sr. João M. Fragoso; 1º captain, sr. Marcolino Francisco; 2º captain, sr. Américo Ripari.

O Commercio de São Paulo, 06 AGO 1908.

SPORT CLUB PALMEIRENSE
(ESPORTE CLUBE PALMEIRENSE)
Fundação: 07 de setembro de 1908
Website: http://www.esporteclubepalmeirense.com
Endereço: R. Cel. Penteado, 92 – Centro
Cidade: Santa Cruz das Palmeiras

O clube foi fundado por Gabriel Rodrigues Oliveira Camargo, Dr. Alvaro Jardim Guimarães e Lucas de Alvarenga Freire e mais um pequeno grupo de torcedores após a visita do Club Atletico Pirassununguense, fundado um ano antes. Nesta partida foi formado um time de jogadores de Santa Cruz das Palmeiras para enfrentá-lo, em jogo que terminou 0 a 0, no campo da Societá Regina Margueritha.

O 1º team do S.C. Palmeirense com camisa de mangas compridas e colarinho com botões, dos botinões e das calças três quartos.
Foto Divulgação: http://clubepalmeirense.com.br.

O clube disputou por mais de uma década as competições profissionais da Federação Paulista de Futebol, chegando a sagrar-se vice-campeã paulista da quarta divisão em 1978.

Fontes:
> Campeões do Futebol < http://www.campeoesdofutebol.com.br >.
> E.C. Palmeirense < http://clubepalmeirense.com.br >

ASSOCIAÇÃO ROCINHENSE DE FUTEBOL

Fundação: 20 de Janeiro de 1909
Website: http://www.rocinhense.com.br/
Endereço: Rua Fernando Costa, 631 –
Centro.

Cidade: Vinhedo
Nota: Fundado no Distrito de Paz de Rocinha, em Jundiahy. Em dezembro de 1948 desligou-se de Jundiaí, passando à cidade de Vinhedo.

Tudo começou em uma reunião de cidadãos e desportistas da época que, segundo informações, ocorreu em uma fábrica de chapéu de palhas pertencente ao Sr. João Benetti, que ficava localizada nas proximidades da atual Praça de Sant'Ana, no centro do então Distrito de Paz de Rocinha, que pertencia ao Município de Jundiahy. O objetivo era a formação de um time de futebol para o qual escolheram o nome de Rocinhense Futebol Clube, derivado do nome do Distrito. O futebol na época, assim como nos dias de hoje, era o esporte preferido da juventude e de grande parte da população.

Os fundadores desse novo time de futebol, que também foi o primeiro clube de Rocinha foram: Romeu de Moraes, Antônio Gonçalves, Attílio Braghetto, Francisco Salustiano de Souza, Epifânio Salustiano de Souza e Fernando Biscardi. De comum acordo entre os presentes naquela reunião, ficou decidido que todos esses fundadores responderiam cada qual por uma atividade dentro do novo clube recém-criado, mas sem a constituição de uma diretoria.

Inicialmente o clube fundamentou-se no futebol, tendo seu campo onde hoje se encontra a Igreja Matriz de Sant'Ana. Mais tarde o local foi transferido para a Vila Planalto, em terras pertencentes à Família Pescarini e onde hoje se encontra o colégio Patriarca da Independência.

Com o passar do tempo, o time que era a coqueluche da época foi ganhando torcida e muitos adeptos. A população reconhecia no trabalho e no esforço daqueles jovens um ideal de levar adiante um projeto promissor, ou seja, o de dar para a população do então Distrito um divertimento que era da simpatia de muitos, "o futebol". Tal esforço foi compensado e o clube veio a ser beneficiado com a doação de uma gleba de terra, pertencente à Dona Leontina Swalles de Barros, proprietária da Fazenda Cachoeira. A terra doada é onde hoje se localiza o balneário do clube, perfazendo uma quadra inteira na área central da cidade.

O time foi crescendo e começou a ganhar tradição, não só na cidade como em toda a região. Tornou-se então necessário possuir uma sede social, pois além do futebol, moços, moças e a sociedade em geral necessitavam de um local para reuniões e encontros sociais como, por exemplo, um salão de bailes. A idéia foi amadurecendo e o clube com vários sócios e uma pequena economia em caixa, acabou adquirindo uma área ao lado da Igreja Matriz, na Praça de Sant'Anna, de propriedade da Família Trevisan, por trinta contos de réis. Outra parte da área foi recebida como doação da Família Magalhães e hoje ali se localiza a sede social.

No ano de 1.947, deu-se o lançamento da pedra fundamental da primeira sede do clube, com a posterior construção do prédio que por muito tempo foi um dos mais conhecidos e renomados salões de baile da região, pela característica de sua pista em formato oval, até então o único conhecido entre as cidades vizinhas.

Além de possuir uma das melhores equipes de futebol da época na região, o galo vermelho e branco como era tradicionalmente conhecido, chegou a participar por diversas vezes de campeonatos regionais da Federação Paulista de Futebol.

Fonte:
   Portal Rocinhense F.C. < http://www.rocinhense.com.br/ >
   Campeões do Futebol < http://www.campeoesdofutebol.com.br/ >.

***

149

RIO PARDO CLUB

Fundação: 02 de Abril de 1909
Cidade: São José do Rio Pardo

Em 1909, o jornal O Rio Pardo, de 4 de abril, noticiava: "Fundou-se no dia 2 de abril o "Rio Pardo Club", uma "associação de divertimentos, cujos fins são proporcionar a seus sócios partidas dançantes, conferências científicas e literárias, sendo discutido o estatuto e eleita a diretoria, que assim se compõe: presidente Cel. Oliveiros Fernandes Pinheiro; secretário Cap. João Américo Ribeiro Filho; tesoureiro Cap. Luiz Romano".

"A sociedade terá sua sede à Rua Treze de Maio, nº 10, cujo prédio está sendo adaptado de modo a apresentar-se para tal fim. Brevemente seus salões serão abertos com aristocrático baile".

O mesmo jornal, de 18 de abril, comentava o baile do dia 10, oferecido à diretoria do RPC pelos senhores Antônio Cândido Rolim, Belchior do Amaral Mello e Manoel Pacheco Filho, no qual compareceu grande número de senhoras e cavalheiros da melhor sociedade que terminou alta madrugada. Anunciava para 23 de maio de 1909 um torneio de bilhar.

É preciso atentar que a nova modalidade esportiva, o "foot ball" inglês, chegava a São José, em 1908, 1909. A cidade ainda não tinha nenhum campo para a prática deste esporte, só aparecendo um, em 1910, nos altos da cidade, no Parque da Caixa d' Água, em terrenos cedidos pelo Cel. Honório Luiz Dias (no local onde, hoje, está o Hospital São Vicente).

Em 1910 todos os clubes da cidade incluíram o futebol nas suas atividades.

O Rio Pardo Club deu origem ao atual Rio Pardo Futebol Clube, fundado em 19 de março de 1914.

Fontes:

O Rio Pardo, de 04 e 18 ABR 1909.
Website do Rio Pardo F.C.< http://riopardofc.com.br/clube >.
Campeões do Futebol < http://www.campeoesdofutebol.com.br/ >.

***

RIO CLARO FOOT-BALL CLUB
(RIO CLARO FUTEBOL CLUBE)
Fundado em 09 de Maio de 1909
Website: http://www.rioclarofc.com.br/
Endereço: Rua Onze, 122
Bairro do Estádio
Cidade: Rio Claro

O Rio Claro Foot-Ball Club, nome que homenageou a cidade, foi fundado por iniciativa de três ferroviários: Bento Estevam de Siqueira, Constantino Carrocine e João Lambach, empregados da Companhia Paulista de Estradas de Ferro, e pelo professor Joaquim Arnold, atleta de futebol, campeão paulista da 1ª. Divisão em 1906 pelo SC Germânia, em reunião realizada na Avenida 8 n. 2 no centro da cidade. O jornal Alpha, dez dias depois, em sua edição de 19 de maio, noticiou a fundação da nova entidade esportiva.

A primeira diretoria foi assim constituída:

Presidente: Celso de Lima; Secretário: José da Silveira Franco; Tesoureiro: Américo Mendes; Procurador: Adelino de Oliveira; Capitão: Fulgêncio de Godoy; Vice-Capitão: José Antonio Braga; Fiscais de Campo: Bernardino Brandão e Augusto Bull.

Desde a data da fundação utiliza as cores azul e branca em seu uniforme, mantendo firme esta tradição. O primeiro escudo tinha as letras RC para identificação do clube.

Tendo dificuldades em arrumar adversários por ser um dos primeiros clubes do interior a ser fundado, e por dificuldade de locomoção, sendo que o principal meio de transporte no início do século era o trem, o clube jogou pela primeira vez em 23.01.1910 contra o S.C. Caramuru da vizinha cidade de Cordeirópolis, por onde passava o tronco da linha férrea. O resultado foi Rio Claro F.B.C. 2 a 0. A partida foi realizada no campo do bairro Cidade Nova, utilizado até 22 de março de 1914.

O jornal O Alpha, caprichosamente deu a escalação dos dois times:

Rio Claro F.B.C.: Alfredo, Dicto e Fernandes, Zico, Martinho e Bull, Constantino, Saturnino, Rêmulo, Godoy e Ferreira.

S.C. Caramurú: Moreira, Pedro e Barbosa, Barroca, Horácio e Valério, Sebastião, Taung, Joaquim, Pierroti e Fontes.

Em 1914 solicitou à diretoria do Grêmio Recreativo dos Empregados da Cia. Paulista de Estradas de Ferro, que cedesse o campo para mandar os seus jogos no local, por ser um recinto fechado e localizado na área central da cidade. Após algumas exigências por parte da diretoria do Grêmio que constam no Livro Ata do próprio Grêmio à diretoria do Rio Claro, que as aceitou, foi autorizado. Uma das exigências para justificar a cessão foi que passasse a ser chamado de Rio Claro Foot-Ball Club, do Grêmio.

A primeira das mais de 100 taças do clube veio em 1917 - Troféu Estatueta de Biscuit, vencedor do amistoso sobre o Ruggerone F.C. de São Paulo (3x1), oferecido pelo senhor José Castellano, da Fábrica de Cigarros Princeza D'Oeste. Já a sua principal conquista foi o campeonato paulista da 4ª divisão (Série B1), em 2002. Entretanto, o mais importante de todos foi os constantes acessos até chegar ao Paulistão de 2007, com o técnico Paulo Roberto Santos (2006).

Fonte:
       Grupo de Historiadores do Memorial do Rio Claro FC, disponível no Campeões do Futebol <
http://www.campeoesdofutebol.com.br/rio_claro_memorial.html >.
       Rio Claro FC < http://www.rioclarofc.com.br/ >.

***

PAULISTA FOOTBALL CLUB
(PAULISTA FUTEBOL CLUBE)
Fundação: 17 de Maio de 1909
Website: http://www.paulistafutebol.com.br/
Endereço: Praça Dr. Salim Gebram, 1

Bairro Jardim Pacaembu

Cidade: Jundiahy, hoje Jundiaí

O Paulista foi criado por funcionários da Estrada de Ferro Paulista. Participavam deste clube 100 sócios, todos ferroviários.

A fundação se deu após uma reunião realizada no pátio da companhia, ao lado da locomotiva de número 34 entre adeptos, simpatizantes e jogadores do antigo Jundiahy Foot-Ball Club.

Traído pela memória, o senhor Carlos de Salles Bloch, que secretariava a reunião, referiu-se ao novo clube por Jundiahy, corrigindo logo em seguida para Paulista.

No inicio do século, a cidade de Jundiahy não contava com uma Liga de futebol e, assim, o Paulista limitava-se a disputas internas, entre seus associados. Vez ou outra aconteciam jogos amistosos contra outras equipes.

O time era formado por uma agremiação de trabalhadores da companhia ferroviária e por isso recebeu o nome de Paulista. Em seus primeiros 40 anos, o time era composto quase exclusivamente por trabalhadores da ferrovia e embora não pertencesse à Cia. Paulista, recebia seu apoio.

Em 1926, o clube é convidado a participar do Campeonato Paulista de Futebol de 1926, organizado pela Liga e Amadores de Foot-Ball, se tornando o segundo clube do interior do Estado a disputar a Primeira Divisão Paulista! O primeiro havia sido o Hydecroft Foot-Ball Club, coincidentemente também de Jundiaí que disputara o Paulistão de 1914.

Em 1948, foi criada a segunda divisão estadual, na qual o Paulista sempre esteve, mas na qual só teve sucesso no ano de 1968, quando conquistou o acesso de maneira invicta, sendo que no último jogo da fase Final, venceu o Barretos, pelo placar de 3 a 0.

Em 2005, o clube atinge o ponto mais alto em nível nacional conquistando a Copa do Brasil. As vítimas do Galo, comandado pelo técnico Vágner Mancini, foram Juventude-RS (1x0 e 1x1), Botafogo-RJ (1x1 e 2x2), Internacional-RS (0x1 e 1x0), Figueirense-SC (0x1 e 1x0), Cruzeiro-MG (3x1 e 2x3) e Fluminense-RJ (2x0 e 0x0). Escalação nas finais:

153

1º Jogo

Paulista 2 x 0 Fluminense-RJ
Data: 15/6/2005 - Horário: 21:45
Local: Estádio Jaime Cintra, em Jundiaí-SP
Público: 14.673 - Renda: R$ 131.750,00
Árbitro: Wilson de Souza Mendonça-PE
Cartões Amarelos: Gabriel, Radamés, Fernando, Juninho e Rodrigo Tiuí
Gols: Márcio Mossoró, aos 2min, e Léo, aos 38min, ambos no segundo tempo de jogo

Paulista: Rafael; Lucas; Dema; Rever, Julinho (Elvis 39'/2º T.); Fábio Gomes, Léo; Juliano (Fábio Vidal 26'/2º T.); Márcio Mossoró; Cristian e André Leonel (Jefferson 18'/2º T.). Técnico: Vágner Mancini.

Fluminense: Kléber; Gabriel, Igor, Antônio Carlos, Juan; Marcão, Radamés, Fernando (Lino 1'/2º T.), Juninho; Alex (Rodrigo Tiuí 10'/1º T.) e Tuta (Léo Guerra 28'/2º T.). Técnico: Abel Braga.

2º Jogo

Fluminense 0 x 0 Paulista
Data: 22/6/2005 - Horário: 21:45
Local: Estádio de São Januário, Rio de Janeiro-RJ
Público: 25.000 - Renda: R$ 216.000,00
Árbitro: Leonardo Gaciba da Silva-RS
Cartões Amarelos: Leandro, Lucas e Márcio Mossoró

Fluminense: Kléber; Schneider (Alan 27'/2º T.), Antônio Carlos, Fabiano Eller, Juan; Marcão, Preto Casagrande, Diego (Léo Guerra 45'/1º T.), Juninho (Toró 17'/2º T.); Leandro e Tuta. Técnico: Abel Braga.

Paulista: Rafael; Lucas, Anderson; Dema; Julinho; Fábio Gomes; Juliano (Rever 35'/2º T.); Amaral; Cristian (Fábio Vidal 43'/2º T.); Márcio Mossoró e André Leonel (Abraão 20'/2º T.). Técnico: Vágner Mancini.

Em 2006, com a conquista da Copa do Brasil do ano anterior, o Paulista ganhou uma vaga na Copa Libertadores, o 1° torneio internacional de sua história, competição em que não passou da 1ª fase. Os resultados do clube no torneio foram os seguintes: El Nacional (1x1 e 0x0), Libertad (0x0 e 0x1) e River Plate (1x4 e 2x1).

O clube já disputou campeonatos com o nome Etti Jundiaí F.L. e Lousano Paulista, seus patrocinadores.

PRINCIPAIS TÍTULOS:

Copa do Brasil em 2005.
Campeonato Brasileiro Série C de 2001, como Etti Jundiaí.
Copa Paulista em 2010 e 2011.
Copa Estado de São Paulo de 1999, como Etti Jundiaí FL.
Campeonato Paulista da Segunda Divisão (Série A2) em 1968 e 2001, como Etti Jundiaí.
Campeonato Paulista do Interior de 1921.
Campeonato Citadino de Jundiaí em 1930, 1931, 1932, 1936, 1939, 1940, 1941, 1942, 1947, 1966 e 1967.

Fonte:
Paulista FC < http://www.paulistafutebol.com.br >
Campeões do Futebol < http://www.campeoesdofutebol.com.br >

***

A.C. WANDENKOLK

Fundação: Agosto de 1909
Cidade: São Paulo

Organisou-se nesta capital, sob esta denominação, mais um club sportivo que se dedicará ao foot-ball. A sua directoria está assim constituida:

Presidente: Antonio Kiote; secretario, J.M. Bueno; thesoureiro, Luis R. Lopes; fiscal C. Klote; captain, M. Madeira Pinto.

O Commercio de São Paulo, 04 AGO 1909.

***

PAULISTA FOOT-BALL CLUB

Fundação: Agosto de 1909

Cidade: São Carlos

- Por diversos rapazes desta cidade foi fundado mais um club do "foot-ball" com o nome de "Paulista Foot-Ball Club".

Foi escolhido o terreno na rua Quinze de Novembro, esquina da rua Belém, onde foi o antigo club da "Associação Athletica".

Segunda-feira reunir-se-ão os sócios, afim de elegerem a directoria.

Correio Paulistano, 09 AGO 1909 (Mala do Interior – São Carlos, em data de 6).

***

SPORT CLUB BANDEIRANTES

Fundação: 1º de Outubro de 1909

Cidade: São Paulo

Com esta denominação fundou-se nesta capital mais uma sociedade sportiva destinada ao desenvolvimento do foot-ball.

São seus diretores os funcionários da Sorocabana Railway, sr. Guilherme de Oliveira, presidente; João Mariano, secretario, e João Rosa, thesoureiro.

Correio Paulistano, 02 OUT 1909.

Bibliografia

Livros, Teses Acadêmicas e Monografias

CAMPOS, Maria Teresa de Arruda. SOTERO, José Roberto. Futebol Amador e Varzeano em Rio Claro. Panda Pix. 1ª Edição. 2004.

DE GODOY, Jorge Pires. Almanach do Amparo (1905, 1909 e 1912)

FERREIRA, Renata. - DE ALMEIDA, Bettine, Marco Antonio. Os clubes de futebol e o processo de urbanização e racionalização da cultura na região do rio Tietê (1889-1945).

FERRAZ, José Romeu. História de Rio Claro: a sua vida, os seus costumes e os seus homens. São Paulo: Hennies Irmãos, 1922.

GOMES, Luiz Carlos, Pesquisa Independete sobre o Futebol Sorocabano.

LICHT, Henrique. O Remo através dos tempos 2ª edição, 2008.

MORATELI, Jovelina. Sociedade Musical "União dos Artistas Ferroviários": edição comemorativa 1896-1996 – centenário. Rio Claro.

RODRIGUES, Olavo - Almanaque da Baixada Santista 1973

CARDOSO. Guia de Football. 4ª Edição. São Paulo. Ano 1906

SANTOS, Armando dos. Sociedade Musical "União dos Artistas".

SANTOS JUNIOR, João dos, "Votorantim - História e Iconografia de uma cidade", São Paulo: Editora Ottoni, 2004.

TABLAS, Heusner Grael. Almanaque de Dois Córregos. 1ª ed., 2009.

TONINI, Marcel Diego. Monografia Ferrovia e futebol: o caso da Companhia Paulista de Estradas de Ferro na cidade de Rio Claro, 1870-1930.

ZAGO, Vitotio Luis Oliveha - Futebol em Campinas: a história e evolução do Dérbi Campineiro na sociedade e imprensa de Campinas, 2002.

Revistas

25 JAHRE - Sport Club Germania – 1899 -1924

Orgam do Ideal Sport Club, Anno 1 - Nº 1 – 1905

Revista do C.A. Ypiranga, Edição 164 – 2013.

Revista do Mackenzie - Cem Anos de Futebol - O Jogo da Saudade (2002)

Revista do Paulistano (1928)

Periódicos

A Gazeta Esportiva Ilustrada

A Província de São Paulo

A Tribuna (Santos)

Correio Paulistano

Jornal do Commercio

Mundo Esportivo

O Alpha (Rio Claro)

O Commercio de São Paulo

O Diário de Santos (Santos)

O Estado de São Paulo

Vida Sportiva

Endereços Eletrônicos

Almanaque Urupês: http://www.almanaqueurupes.com.br

Associação Atlética Botucatuense:
http://www.aabotucatuense.com.br

Associação Atlética Internacional:
http://www.interbebedouro.com.br.

Associação Atlética São Paulo: http://atleticasaopaulo.com.br

Associação Rocinhense de Futebol. http://www.rocinhense.com.br

Blog História do Futebol: http://cacellain.com.br/

Campeões do Futebol: http://www.campeoesdofutebol.com.br

Clube Athletico Paulistano: http://www.paulistano.org.br

Clube Atlético São Paulo: http://www.spac.org.br

Clube Atlético Ypiranga: http://www.cay.com.br

Campeões do Futebol: http://www.campeoesdofutebol.com.br

Esporte Clube Palmeirense: http://clubepalmeirense.com.br

Esporte Clube Pinheiros: http://www.ecp.org.br

Esporte Clube Primavera: http://www.primaveradeindaiatuba.com.br

Esporte Clube Taubaté: http://www.esporteclubetaubate.com.br

Grêmio Recreativo da Cia. Paulista: http://www.gremiocp.com.br

Grupo de Historiadores do Memorial do Rio Claro FC:
http://www.campeoesdofutebol.com.br/rio_claro_memorial.html

Paulista Futebol Cube, de Jundiaí:
http://www.paulistafutebol.com.br

Portal do Jornal Cruzeiro http://www.jornalcruzeiro.com.br

Portal Novo Milênio http://www.novomilenio.inf.br

Portal O Diário de Barretos: http://www.odiariodebarretos.com.br

Portal Votorantim: http://www2.votorantim.sp.gov.br

Rio Claro Futebol Clube: http://www.rioclarofutebolclube.com.br

Santos Atlético Clube: http://www.clubedosingleses.com.br

São Carlos Clube: http://www.saocarlosclube.com.br

Sociedade Musical União dos Artistas: http://smuaf-
banda.blogspot.com.br

Wikipédia: http://pt.wikipedia.org

O Autor

Sidney Barbosa da Silva é pernambucano, nasceu em 6 de novembro de 1967, numa pequena cidade chamada Macaparana. É pesquisador da história do futebol, seu grande hobby, e Editor Web. Em janeiro de 2005 fundou o website Campeões do Futebol (www.campeoesdofutebol.com.br), um dos maiores em estatísticas sobre campeonatos e seus campeões, história de clubes e curiosidades sobre este apaixonante esporte.

Rua Gênova, 50-B, Jd. Paulista
CEP 06663-330 Itapevi-SP.